羅紹和的生命成長
與慈善之路

有溫度的人

羅紹和——著

目次

contents

輯三　安得烈的關懷

推薦序／

為羅哥新書寫序

方念華（TVBS主播．主持人）

《有溫度的人》，羅哥這本書要出版了！讓我不禁想起，在這個社群平台如此喧鬧的時代，我們不難看到許多「亮度」十足的人。老實說，有些公眾人物操作知名度的方式，近乎「自帶鎂光燈」。那亮度，往往不免刺眼，有時讓人別過頭去，不想注視。

但是羅哥，常常讓我記起《聖經》裡耶穌的話：

沒有人點燈放在地窖裡或是斗底下，總是放在燈臺上，使進來的人得見亮光。你眼睛就是身上的燈。你的眼睛若瞭亮，全身就光明；眼睛若昏花，全身就黑暗。（路加福音11章33、34節）

羅哥這本生命成長的分享，就是用一雙如今「瞭亮的雙眼」，勇敢地注視人生的來時路。一盞燈點起來，有亮度，也有溫度。而《有溫度的人》這本書，它就像《聖經》裡說的燈：當燈被燃起，從來不是為了照亮自己！而是為了「使進來的人得見亮光」。

羅哥悲慘的童年，到青少年生活困境，在我主持「看板人物」訪問他時，曾仔細讀過所有能找到的資訊，了解到羅哥幼年家貧。

在節目的訪談裡，再一次聽到羅哥和弟弟，在最需要母愛的童年，不得已被送到孤兒院的片段……當時已經不忍卒聽。如今捧著新書稿，從頭細細讀到羅哥分享幼年時好多好多回憶，和當時糾結、卻無處訴的心境……我突然有了新的感受！羅哥這些非他能選，卻由他承受的遭遇，原來是天父在生命裡，點燈的記號。

讀「羅紹和的生命成長與慈善之路」，才了解羅哥那些看似身陷黑暗中的童年苦悶與匱乏，都成了他中年之後，選擇走上慈善之路，透過「安得烈食物銀行」，為台灣無數在貧困中長大的孩子點燈燃燒，所需要的油料。

他說出自己成長的經過，並且重新注視那個童年到青年的「羅紹和」；感受到了父親內在原有高潔的人格，了解了母親重返家庭，為了弟弟和他，含辛忍辱的堅毅。羅哥的幼年，原來只感知到無邊黑暗，但如今他真正看到那並非全然暗黑，是羅哥自己成長後生命裡有了「愛」，讓他回顧時，替時光隧道裡的童年，灑進了一絲「愛」的微光——終於也照出爸爸媽媽和人生搏鬥時，從來就付出的「愛」。

這本書裡很多情節，都是燃燈的油料；為了「使進來的人得見亮光」。

我有幸在年年歲末，為「安得烈食物銀行」主持「安得烈慈善協會學藝競賽頒獎典禮」。沒有內在溫柔的人，絕對不會從別人物質的匱乏裡，進一步體貼到人的心裡。

全台灣有超過五千戶，月月需要「安得烈食物箱」的孩子；從嬰兒，到十八歲的大孩子。

羅哥當執行長的這麼多年裡，為這些孩子的溫飽，帶領職員志工，一箱一箱的募資，募食物；一箱箱分類裝箱寄送，甚至親自探視之外，他還希望這些兒童和少年少女在成長的過程中，不因為手心向上，失去了自我肯定，感到自卑。

所以每年年中，「安得烈慈善協會」舉辦受濟助家戶，大規模的學藝競賽！比照「金」字獎級超嚴謹專業的評選過程，一直到歲末，選出分齡分級的優秀作品，用非常正式、隆重的頒獎典禮，表揚這些孩子！

每一次，在十二月的耶誕氣氛中，我站在舞台邊擔任司儀，看著上台被表揚的兒童、少年、青年；他們全家出動（因為慈善協會負責交通，接他們北上）！一起上台！全場鼓掌！

好幾次，自己感動的淚，差點奪眶而出。

如果自己沒有走過死蔭幽谷，不會真正知道穿越的人，除了需要食物，更需要照明！除了生理的需要，還渴望精神的支持，心靈的打氣……羅哥，「溫柔的人」，把溫柔從一種態度，透過他精準的執行力，轉化成一個行動，也成為台灣慈善工作的「一種典範」！

讀一本「好人」的故事，最怕教忠教孝。最擔心仰之彌高。

這本《有溫度的人》絕對不是那樣一本書。

請和我一起，翻開羅哥生命的第一頁；相信你也會欲罷不能，一口氣讀完！

因為我們的人生，原都有上主造我們的趨光性；在你我生命或長或短的黑暗幽谷時期，我們都深切記得，當時那渴望溫暖和光度的心情。

所以我們會因為羅哥的書，更確信，「人點燈……是使進來的人得見亮光」。

這本書使我們也能了解自己人生顛躓的意義，也因此讓自己用更溫柔的心境看待自己和親近的人的種種遭遇。在愛的方舟上，登船加入像羅哥這樣的航向，我們的生命，一定會經驗非常不同的幅度！

推薦序／

苦難是化了妝的祝福

吳家德（NU PASTA 總經理）

我很崇拜羅紹和執行長，也很榮幸能為他的新書寫推薦序。

我和許多人一樣，知道羅紹和執行長這位大人物，應該都是從電視上看到他的身影。當年，他是國防部的發言人。處理過幾樁危機事件，也執行許多專案，讓國軍的優良形象持續被看見。

二〇一六年的春末夏初，紹和兄（我私下都是這麼稱呼他，稱兄道弟，比較親切）申請退役成功，離開待了三十一年的軍職，成為安得烈慈善協會的執行長。當年，我對這個新聞並沒有太多關注，只知道一位優秀將領要轉職到非營利組織如此而已。

過了幾年之後，當我再度從電視上看到羅紹和執行長的相關報導，除了描述他把安得烈食物銀行做得恰如其分外，更吸引我注意的是，紹和兄的成長背景與職涯轉變才是讓我讚嘆的關鍵。原來，名利對於他，只是浮雲。這是大智慧者的行為。

我江湖打滾二十餘載，深知一個職場工作者在努力三十年的歲月，大可還有十年光景可期的職涯高峰，卻要急流勇退，放棄一切名利，是多麼困難的一件事。我覺得一般人會這麼做的比例，大概萬中選一，而紹和兄就是那一個。

二〇一八年底，我用臉書主動私訊紹和兄，尋求與他見面的機會。拜訪他的原因很單純，就是與他洽談公益合作案子。當年，我們的工作都很繁忙，要約到彼此見面實屬不易。幸好，我有業務精神，我出奇招，告訴紹和兄說，既然沒有停下來喝杯咖啡的時間，那就讓我趁他業務拜訪的中途，跳上他的車，一樣可以見面聊公事。所以，我們第一次約會談公益是在車上，這也是我終身難忘的回憶。

一回生，二回熟。俗話也說，見面三分情。當開啟見面的大門時，我與紹和兄的友誼溫度瞬間飆升，我敬佩他的人生態度，他欣賞我的熱情指數。為何會有如此快速的發展？因為我們的價值觀相近，彼此的理念契合所致。

紹和兄大我十歲，資歷豐富，閱人無數，是我學習的典範。這些年來，不論是在演講的場合見面，還是在公益的活動相遇，我們總能長聊深聊，每次聽紹和兄分享他的公益觀點，總是讓我感佩萬千。深覺台灣這塊土地，有這等公益慈善家，真是我們的福報。

我舉一例。有一回，我問紹和兄，每個月安得烈照顧的家庭平均有幾戶？若以企業營運的角度來思考，每家公司莫不追求業績的成長與績效的達成，理應是數字極大化才是。但紹和兄卻告訴我，他祈願，未來的日子裡，安得烈能服務越來越少的家庭。

當他說出這一句話時，我愣住了，直覺他的愛心是不是掉漆。心中忖思應該要服務越來越多人，才能證明執行長的能力是很強很厲害的啊?!後來經他分析告知，我才感到汗顏，原來紹和兄很有遠見，期待未來若是服務越來越少人，代表台灣的窮苦家庭變少了，那麼人們得到幸福的機會也就變多了。NGO存在的價值，是讓社會的快樂指數越來越高。這是我從紹和兄身上學到的人文關懷精神。

「苦難是化了妝的祝福」，在我讀完紹和兄這本好書之後，我腦海浮現這句話。不論是童年不好的回憶，還是青少年難以忘懷的教訓，甚至是軍旅生涯慘痛的事蹟，紹和兄用他溫柔且堅毅的筆觸，寫下這些往事，看似雲淡風輕的人生，在我讀來，都是一段凶險難堪的旅程，而紹和兄卻能化險為夷，逢凶化吉，代表他的心智成熟度與危機處理力高於常人，也證明他的慈悲心無敵。

我常掛在嘴邊說：「人脈的終極目的是利他。」這點和紹和兄的觀念不謀而合。紹和兄身段溫文儒雅，舉止親民和藹，和他相處起來，只有「舒服」二字。也因為他的好人緣與身先士卒的精神，讓他在擔任安得烈執行長的這些年，許多企業與個人，紛紛投入幫助安得烈這個大家庭。但他都謙卑不居功，這點讓我非常佩服，紹和兄的團隊領導能力與公益格局思維，也能從這本好書一覽無遺。

很慶幸在人生的旅途，遇見羅紹和執行長，讓我有機會在公益的道路上向他學習請益。近些年，也謝謝紹和兄看得起我，讓我有機緣對協會的夥伴與志工上一堂「熱情」之課。甚至，也安排我對安得烈照顧的家庭國高中生分享「人脈」的觀念。而我也會趁著與企業合辦講座與出版新書的機會，把聽講的門票所得捐給安得烈。這種互相砥礪，互助合作的友情，讓我們惺惺相惜，互祝美好。

誠摯邀請您，打開這本好書，閱讀羅紹和將軍這位有溫度的人的好文章。我是一邊讀一邊偷偷掉淚，才看完這本書的。我有一段話，想藉由寫這篇序對紹和兄說：「能認識您，是我一生的福氣。有您這位典範人物在前引領，照亮我的公益道路，我真心感到幸福。」

推薦序／

因為苦過，所以珍惜！

黃暐瀚（媒體人）

紹和哥決定「退伍」的時候，我是驚訝的！沒有背景，沒靠關係，從軍能當到「將軍」，基本上，那叫「祖墳冒青煙」了！幹到了將軍，還是媒體圈公認的「最強發言人」，羅紹和將軍卻急流勇退，選擇放棄軍旅生涯，當年，很多人都跟我一樣驚訝。

認識紹和哥二十多年，謙和、有禮、主動、積極，在國防部發言人室，他一直扮演跟媒體密切互動的角色，即使後來當上發言人，貴為將軍，他一樣親自接電話，面對媒體有問必答，是很適才適所的國防部發言人。

退伍之後，他去「安得烈食物銀行」擔任執行長，慢慢地，大家才知道，原來紹和哥，有過辛苦的童年。

父親是滇緬部隊來台，念過陸軍官校，原本也是前途大好，沒想到，民國四十七年八二三砲戰，不幸受了重傷，頭部、背部，都受創嚴重，無法繼續戎馬生活，只好領了兩百塊「安家費」，就此「自謀生活」。

羅紹和就是在這樣的環境下出生，沒有眷村，沒有福利，沒有左鄰右舍的相互照顧，父親試著做餅，賣水煎包，但手藝不精，生意不好，始終賺不了錢。

五歲那年，媽媽因為父親酒後施暴，離家出走，羅紹和跟弟弟，被送去「信望愛孤兒院」住了一年半，一年半之後父母和好，兄弟被接回家中，媽媽收到親友送的一頭母豬，想說養豬生小豬，自此生活應該可以改善一些。

母豬長大後，真的爭氣，生了十幾頭小豬，正當全家開心不已的時候，卻因為誤採施過農藥的野菜餵豬，不到半個小時，母豬小豬全都口吐白沫，倒地不起，家裡改善經濟的希望，就這麼泡滅了。

那天，母親的眼淚，像珍珠，一滴一滴地落了下來。那一幕，紹和哥到今天，依舊記得。

小二之後，父親因為身體疼痛，喝酒打人的習慣依舊沒改，媽媽二度出走，這一去，又是七年。

家中清苦，母親不在，羅紹和開始走偏他的人生。

他偷錢，愛打架，還曾經為了同學「一打三」，打到三顆下門牙龜裂，牙根壞死。兒時不懂，也沒錢看牙醫，直到多年之後，牙齒崩斷，才去換了假牙。

這個時候，黃壽華老師出現了。

羅紹和國中的班導師，叫「黃壽華」，教數學，對羅紹和特別「嚴厲」。別人考不好打一下，羅紹和要打十下，一開始羅紹和以為，這是老師看他家境清寒，歧視他，慢慢地，他才知道，原來老師對他有期許，怕他走入歧途，所以格外嚴厲。

迷途中的羅紹和，因為老師的愛，決定奮發努力，拚功課，證明自己，後來大學聯考時，羅紹和的數學比英文更高分，都是因為黃壽華老師的關係。

這些童年的苦，在三十一年的軍旅生涯中，羅紹和其實從未說過，大家看到的，一直是那個「正面陽光」的發言人將軍，然而，童年的苦，卻是羅紹和一生無法忘記的回憶，他心心念念，想要幫助更多跟他一樣，家中困苦、即將走入歧途的孩子，於是，他在二〇一六年，選擇退伍離開。

退伍那時，很多民間公司覓才，甚至還有部內長官，有所「安排」，但羅紹和都沒接受，因為他的心中很清楚，這輩子，他想要幫助清苦的孩子們。

於是，他選擇到安得烈食物銀行服務，每個月，幫助五千多位需要幫助的小朋友，讓他們盡可能衣食無憂，讓他們感受溫暖，讓他們走回正途。

有次電台訪問紹和哥，他告訴我，安得烈食物銀行，不只給一般受幫住戶「食物箱」，還給特別的對象，特別的安排。

像是，小朋友喝專用奶粉，安得烈會另外裝；像是，家裡有嚴重生病的長輩，得癌症的爸爸，安得烈食物銀行不只給家人食物，還給得癌症的爸爸，癌症病人可以飲用的營養品。

聽到這句話，我眼淚差點就奪眶而出。

我想到了爸爸，生病最後幾個月，也是靠著喝營養品，保持體力。因為癌末的人，根本無法進食，只能喝這種營養品。我有工作，能養家，自然能給爸爸這種營養品喝，但家裡經濟狀況不好的人呢？連孩子都吃不飽飯的家庭呢？他們真有辦法，買這種營養品，給生病的家人喝嗎？

安得烈食物銀行，不只餵飽了挨餓的人，還給了他們尊嚴，減少對生重病家人的虧欠。

我如果是這個孩子，我一定，一定，一輩子感謝安得烈食物銀行！感謝願意幫助窮苦家庭的人。

然後，三十年後，五十年後，有一天，當我不再窮困了，我也一定會記得，過去我受人照顧，今日換我照顧別人。

這，就是善的循環。

紹和哥的這本新書，完整地將他人生的甘苦順逆，毫不保留地，分享出來。他的前半生，是這麼地苦，父親、母親都不是一般人想像的那樣。但，紹和哥也因為一路上有學校老師、寄養家庭跟軍中長官的照顧、關心、開導，跌跌撞撞地走了過來。儘管父親因為酗酒跟精神疾病，令紹和哥的前半生痛苦不已，但這本書中，依舊可以看到，紹和哥記得爸爸的好。

父親當清潔隊員的認真、救助落水者的勇氣，以及願意分享白米，給比自己生活更苦的人。這些父親深遠的影響，成就今天羅紹和的樣子。

書中一段，紹和哥自問自答：「我的人生算是成功人生嗎」？

我要告訴紹和哥，是的。

經歷了苦難與磨練之後的您，是成功的。而您的成功，將可以鼓勵更多正在辛苦中的人們，克服困境，邁上坦途。儘管在媒體前，紹和哥是英俊挺拔的發言人，看似光鮮亮麗，但內心從未忘記過分享、奉獻，這才是這本書，最珍貴的地方。

這些今日受您照顧的人，將來也會和您一樣，把自己奉獻給社會，一棒接一棒，生生不息。

推薦序／

我懂了，羅紹和將軍為何轉軌到羅紹和執行長

蔡詩萍（作家．主持人）

知道「羅紹和將軍」這個人，有一段期間了。國防部發言人，溫文儒雅，回答記者提問，提綱挈領，不推脫亦不官僚，印象很深。但並不認識他。

到了「羅紹和執行長」時期，則有了不少接觸、訪談的機會，聊起來，才發現，他真的「就是那樣的人」，談吐氣質，發乎本真，由於少了「國防部發言人」

的光環，反倒透顯了「民間非營利組織」執行長的靄靄內含光。

也許，有些人，是天生那樣的資質吧，適合當發言人，適合做執行長。

我想，認識羅紹和將軍、羅紹和執行長不深的人，大多會有這樣的直覺聯想，說不定，他還是系出名門，將門之後呢！

但，我也是讀了這本近乎自傳性質的書，才訝異於「羅紹和這個人」，原來竟然遠遠不是我們以為的那樣「系出名門」。完全不是，甚且相反。

原來，我們才知道，他的父親是美濃鎮清潔隊員，工作本無貧賤，但長期酗酒，有精神上的疾病，動輒對妻兒語言肢體暴力；母親受不了父親的粗暴，幾度離家出走。

羅紹和的童年、青少年階段，煎熬於這種環境，畢竟沒能像勵志電影的情節，奮發圖強，考上名校，勇奪人生勝利組的桂冠，成為我們看完電影後熱淚盈眶的偶像。

他沒有。

他平凡得一如多數孩子，在自卑，辛苦的條件下，書讀得普通，成績也普通，最終進了軍校，連校內生涯，都受到原生家庭長期的陰影，而變得消極，氣餒，過一天算一天。

這樣的羅紹和，不可能會是後來，我們所熟悉的「羅紹和發言人」、「羅紹和執行長」。

而這正是，這本書，最吸引人的轉折處。

羅紹和必須「遇到貴人」。

遇到好長官，遇到好老師，遇到好朋友，在人生淒冷的際遇裡，「遇到貴人」讓他重新認識自己，重新省視父母，重新體悟未來。

「有溫度的人」，是羅紹和給很多人的第一印象。

但第一印象之後呢？

羅紹和還是會給你很深的「有溫度的人」的持續印象。

我讀了這本書，終於明白，羅紹和並非理所當然，屬於「有溫度的人」。

他是在原生家庭的困頓，貧窮，以及，自己並非天生優秀的環境裡，體察到，若非有外在環境的資助，有貴人的相扶，「貧困中人」是不一定能演出「勵志人生」之大戲的。

這就是社會最殘酷的本質。

這也是，底層社會，年輕孩子的悲歌。

「羅紹和將軍」為何在人人稱羨的軍旅生涯還可以邁向高峰之際，自己喊卡，主動轉型而成為「羅紹和執行長」呢？

這本書給了很溫馨的解答。

在成長過程中，親身經歷了貧困家庭，無依孩童青少年之苦的羅紹和，顯然明白，來自於外力的，適時的援助，會是這些家庭的孩子，跨過人生陷阱與障礙的扶梯。

他願意做那扶梯。

也許，軍方不缺一位將軍，但社會還是會需要多一位熱心挽救弱勢家庭的執行長，何況，這位執行長，還把他個人的際遇感懷，投報在回饋社會的用心上；更何況，這位執行長還把他投身軍旅，所學習到的指揮若定的領導力、規畫力、執行力，都巧妙的運用在他所關切的弱勢家庭的扶助議題上。

這便是，「羅紹和將軍」轉軌至「羅紹和執行長」的故事。

說平淡嗎？其實蠻平淡的，至少羅紹和執行長在描述自己的轉折時，一如他發言人時期那般的平和、自在，毫不做作，你都會以為他在說誰誰誰的故事呢！

但，真的很雲淡風輕嗎？

不，好幾度，我在讀到他孩童時期，對父親的酗酒，暴力，曾經有過的心頭嫌棄，與恨意時，我理解那是一種痛。我讀到他對母親幾度出走的茫然，失落，感覺到被遺棄的孤獨時，我彷彿看到那男孩在窗前，在鏡子裡的憂傷面容。然而，他最終懷念起雙親，想起最後送他們相繼離世的傷感時，我也被喚起了「同為人子」的悸動。

沒有人，應該被幸福遺棄的，但很抱歉，也確實是有很多人在被遺棄的路上，遙望他人的幸福而暗自落淚。

這或許也是羅紹和執行長，為何決定要寫出這本有溫度的書。他要告訴大家：幸福不是當然，但如果我們知道世上不幸福的人，是如何的渴望走向幸福之路，那我們也就明白「施比受更有福」的意義了。

羅紹和執行長的新書，更精采的部分，是很實用。他注意到即便「施比受更有福」，但如果「施」的更有效率呢？「受」的更為實惠呢？會不會更好？

於是，他發展出針對不同家庭，不同族群，不同之需求的「客製化食物箱」，徹底改觀了「施與受」之間，更合理的物資分配，更貼切的施受關係，這就提醒了我們：慈善公益，除了感性，理性的角色不可或缺。

我喜歡這本書，它證明了台灣社會之所以能在政治話題囂張，聳動新聞駭人的驚濤中，屹立不搖的往前走，多虧的是像羅紹和執行長這樣的人，懂得感恩，懂得付出，於是，我們知道我們的靈魂都渴望被擁抱！

自序／

施比受更有福

我從小因為家庭貧困、父親酗酒及罹患精神疾病，以及父親的家暴導致母親前後二次離家出走。我和弟弟先後被送進屏東里港的信望愛育幼院，以及寄養家庭——基督教美濃浸信會，我的童年幾乎就是在缺乏父愛和母愛的環境中成長，導致我成為一個自卑退縮、缺乏自信的人。

小學六年級時，因為功課不錯，國語也講得比客家同學標準，老師指定我代表班上參加全校的演講比賽。我認真地寫好了演講稿，並且背得滾瓜爛熟，希望能爭取優異的比賽成績，不但可以代表學校參加高雄縣的比賽，也可以讓同學對我刮目相看，無奈上了講台之後，我竟然雙腳狂抖不已，背熟的演講稿，一個字也出不了口，嘴裡像含著滷蛋一般，最後被評審老師給請下台。

高中一年級的時候，主任教官看我身高將近一百八十公分，儀態端莊，於是挑選我當司儀，負責周（朝）會的儀程，我第一次上場，既緊張又害怕，竟然一句話也喊不出來，當然，最後的結局是當不了司儀。

讀軍校的時候，每周的政治教育課結束後，連上的學生都要抽籤作心得報告，我只要被抽中，一站上講台，腦袋就會一片空白，不知道該講什麼？

這就是我，一個自卑、缺乏自信的人，這樣的人竟然還能擔任五年三個月的國防部發言人，並且經歷過四位部長的信任與重用，實在讓人不可思議，我回首過往，常覺得生命中的恩人貴人太多了，是他們鼓勵了我、幫助了我，讓我的人生能夠漸漸建立自信。

二〇一六年五月十六日，我自國防部提前退伍之後，曾經回到美濃探望我的養母蘇印川師母，也曾經回到我的母校美濃國小、美濃國中及省立岡山中學，儘管人事已非，但是兒少時期的許多往事歷歷在目。尤其當我佇立在頹圮多年的舊家宅前，昔日的酸甜苦辣，再次湧上心頭。

二〇二一年四月十七日，我應「信望愛家園」王傳宇董事長的邀請，回到了五十四年前曾經住過一年半的信望愛育幼院，重溫當年和許多無父無母的童伴們一起接受已故王奶奶守信師母照顧的往事。

那天晚上，王董事長特別安排幾位當年曾經追隨過王奶奶的老媽媽們，以及在育幼院成長的幾位姊姊們相聚。桌上的菜餚是特別為我準備的雲南家鄉菜，聽著她們的雲南鄉音，讓我非常感動地吃完那一頓豐富的晚餐。

晚上住宿在家園裡，躺在床上，聽著外面此起彼落、交互應和的蟲鳴、蛙鳴聲，想到稍早之前一起餐敘的幾位媽媽垂垂老矣，而當年清湯掛麵、清純模樣的姊姊們，個個皆已過了耳順之年，我的內心裡有著無限的感嘆。

信望愛育幼院的創辦人故王守信師母，是一位擁有堅定信念的傳教士，六十年前，她來到了屏東里港鄉，在這塊寸草不生、貧瘠的河床新生地，就決定在這裡創辦育幼院。那時候她看到一棵木棉樹，長得比人高一倍，她很感動的說，「這棵木棉樹可以在這種環境裡成長，我們也可以生存。」六十年後的今天，當年的那棵木棉樹，已經長得三、四層樓高，而育幼院亦如滄海桑田一般，從昔日低矮的舊房舍，變成今日的規模。

記憶中的信望愛育幼院，位在屏東里港河床邊的不毛之地，我們所處的環境，除了砂石還是砂石的貧瘠處，當年，王奶奶帶著幾位媽媽和員工們開始了一草一木的栽種，環繞、陪伴在王奶奶身邊的就只有孤苦無依的年幼孤兒們，或是單親或家庭無謀生能力的孩童們。在那個時代物資缺乏，人人生活困頓，育幼院自己種菜，自己養雞、鴨、豬，甚至養牛，充滿愛心的王奶奶帶領著院童及村里的單親貧困家庭勇敢地活下去。

我依稀記得當年院童們用餐時的情景，大家都是坐在木頭矮凳上，五、六個人圍著一張小方桌吃飯，由於當時育幼院的資源貧乏，因此桌上米飯或是麵條、饅頭的數量有限，菜量也不多，吃到肉菜的機會更是寥寥可數。那時候才五、六歲的我，個性十分內向，吃飯時不會為了自己而和同桌的院童搶菜，但是為了照顧才兩歲多的弟弟，我常常會迅速的挾一些菜到弟弟的碗裡，等到想為自己挾菜時，菜盤幾乎空了。

走過一甲子的信望愛，秉持著創辦人故王守信師母「別人不愛的她要愛」的精神，從當年的育幼院慢慢茁壯成完善規畫的家園，如今再轉型為社區關懷工作，針對社區脆弱家庭的兒少，開辦周六、日的「小天使假日營」，安排音樂班、美語班、柔道班、美勞班、烹飪班、烘焙班、體適能班、舞蹈班等，讓兒少免費參加，課程中同時規畫品格教育，教導孩子們具備正確的態度與觀念。

《聖經》上說，如今常存的有信、有望、有愛這三樣，其中最大的是「愛」。我從王奶奶和蘇印川師母的身上看到她們無私無我的「愛」，她們使每一個被照顧過的孩子都能在歸屬感中生活著，而信、望、愛的精神，就像是社會的潤滑劑，以「愛」撫平衝突和恐懼，讓世界更加美好。因著我童年不幸的境遇，以及她們「愛」的影響，讓我義無反顧、無怨無悔地走上公益之路。

出版這本書，完全是在我人生的規畫之外，我很感謝麥田出版社林秀梅副總編輯的力邀，我也感謝我的好朋友 NU PASTA 總經理吳家德先生不斷的鼓勵我，並且為這本書撰序。

我要感謝 TVBS 知名主播方念華小姐、暢銷作家蔡詩萍老師、POP RADIO

名主持人黃暐瀚先生，在百忙當中為這本書寫推薦序，因著他（她）們的支持，使這本書增添諸多光彩。

也謝謝馬前總統、國安會前祕書長高華柱先生、國防部前部長楊念祖先生、嚴明先生、高廣圻先生、國防部政戰局前副局長孔繁定將軍、前局長王明我中將、聯合報願景工程基金會羅國俊執行長、城邦媒體集團何飛鵬執行長、知名主播詹慶齡小姐、TVBS 新聞部副總經理詹怡宜小姐、POP Radio 台長林書煒小姐、財經節目主持人夏韻芬小姐、張家琦律師、張瑜鳳法官、台大醫學院醫學系汪漢澄副教授、暢銷作家宋怡慧老師、暢銷作家蔡淇華老師、企業講師謝文憲先生、希望工程沈芯菱執行長及我的好朋友陳志榮醫師的聯名推薦。

此外，我也要謝謝安得烈慈善協會的同事簡雪芬小姐、邱靜蓉小姐、洪淑綾小姐在個案故事方面提供我諸多資訊，使這本書更具溫度與可讀性。

最後，我要感謝同母異父的大哥（大嫂）、大姊在我工作忙碌，無法全心全力照顧父親的時候，他們幫忙照顧毫無血緣關係的父親。我更要感謝在我的生命中曾經幫助過我、扶持過我、陪伴過我的所有長官、學長、學姊及同學們。對於這本書的版稅所得，我將全數捐作公益，我相信，從慷慨付出中所得的滿足與喜樂，如同主耶穌所說：「施比受更為有福」（使徒行傳20章35節）。

輯一
我的成長

我的父親

我的父親因為酗酒、精神疾病和家暴的問題，曾經帶給我和家人很多的傷害，然而回顧他的一生，所留給我們的並非只是負面的印象，也有許多美好的回憶和榜樣。

父親精神正常、不喝酒的時候，是一個慈祥和藹的爸爸，也是一個工作認真、負責任的人。

他曾經在美濃鎮公所清潔隊擔任清潔員，每天清晨要負責鎮上的清潔打掃工作，永安路從東門樓到瀰濃庄敬字亭，整條馬路都是他工作的範圍。

一年四季，無論春夏秋冬，每天凌晨四點鐘不到，他就起床開始工作，認真地打掃馬路，一直到上午六點半左右，鎮民們陸續起床了，美濃街上開始熱鬧的時候他才回家休息。

我在國中一、二年級時曾經在獲得他同意的情況下，有幾次機會晨起陪著他打掃馬路。看著他拿著竹掃帚、畚箕和大垃圾袋，安安靜靜、很認真、快速地清掃路面，掃過的路面乾乾淨淨，絕對看不到任何的紙屑、垃圾。小時候的我，雖然曾經因為他的職業而感到羞恥，但也因為他的工作態度銘刻在我的心中，讓我長大工作之後，亦以認真負責的態度面對工作。

早年的美濃鎮，一到七、八月份的颱風季節常常會淹水，永安路沿路和瀰濃里往往是淹水最嚴重的地方，水從美濃溪、姜仔寮溪淹上街道，許多住家都會泡在水裡，待水退之後，總會帶來滿路的泥濘和垃圾，災後復原階段是清潔隊最忙碌的時候。記得有一次水災之後，學校提早放學，我行經舊橋時，剛好看到父親和其他的清潔隊員在進行街道清潔工作，看到他默默地清淤，不多說話，兩手兩腿汙泥，比別人賣力地工作著，他曾因為工作認真而獲得鎮長頒發獎狀表揚，只可惜那張獎狀隨著我們家頻繁的搬家而遺失了。

我的父親也是一個充滿慈悲憐憫、見義勇為的人。

當年，清潔隊員的薪資微薄，爸爸必須賣水煎包來貼補家用，只是，他的手藝不佳，水煎包的生意不好，收入極為有限，外加房租費的支出，導致我們過得窘困。即使生活窮苦，但是我的父親仍然樂意幫助別人。

我印象中最深刻的一件事情，是他看到附近有一戶人家過得也很辛苦，於是他把省吃儉用所存下來的錢買了二斗米（斗是米的計量單位，一斗等於六．九公斤）送到民眾服務站，請服務站代為轉送。當時站裡的一位工作人員恰巧是《中華日報》的記者，於是為父親寫了一篇報導，表揚父親的愛心，對於他生活雖然過得辛苦，卻仍然願意幫助更辛苦的人，特別表達讚許之意。我讀高中的時候還看過這則剪報，很遺憾後來也因為搬家而找不到了。

我父親另外一件英勇的事蹟，是他曾經救了一位落水者的生命。

爸爸沒有賣水煎包的時候，會到天后宮前的「三洽水」釣魚。「三洽水」是由美濃溪、姜仔寮溪、竹子門溪等三條溪河匯聚而成的水域，此處水深魚多，一年四季會有許多人在兩側的河岸釣魚。

這裡的魚大多是二指寬的鯽魚，偶爾也會釣到三、四指寬的吳郭魚、鯉魚，運氣好的時候，會釣到肥美的河蝦或是大腹便便的母鯉魚。魚蝦是我家葷菜的主要來源，每次釣魚多有收穫時，我和弟弟都好高興，爸爸釣魚前，我會先幫他到河邊的爛泥裡挖捕又長又肥的蚯蚓，裝在鐵桶裡，然後陪著他釣魚，每每有魚兒上鉤，就像中了愛國獎券一樣，令人特別興奮。

那天下午，我陪爸爸釣魚時，旁邊來了一位中年大叔，看他走路搖搖晃晃、精神不濟的模樣，起先我們並沒有特別在意，我看著他鈎好魚餌，把鈎竿甩出去之後，整個人跟著栽進河裡，可怕的是，他竟然毫無掙扎的沒入河裡。

當時河邊所有在釣魚的人全都看傻、嚇住了，沒有一個人有救援的動作，我看到父親迅速地脫下黑膠鞋，然後跳進河裡，潛入水底撈起那個人，並將他拖上岸。那個年代，沒有所謂「心肺復甦術（CPR）」，爸爸一直拍打那個人的臉頰，叫他醒醒，過不了多久，那名男子猛咳幾聲，吐了一些水出來，人終於醒了，所有現場的人都鼓掌叫好，也對爸爸比起大拇指。平常喝了酒就會發酒瘋、惹人厭的爸爸，此時成了大家心目中的英雄，我也與有榮焉。

第二天，這位落水獲救者特別帶了二串香蕉來感謝父親的救命之恩，原來那天下午，他因為感冒吃了西藥，接著又吃中藥，中西藥混雜服用，且未有適當間隔時間，導致暈眩昏迷，還好父親的見義勇為救了他一命。

以上的二、三往事，距今已經四十多年了，但在我的腦海裡，依然是記憶鮮明，難以忘懷。回首父親的一生，雖然帶給我的人生很大的挑戰，甚至不幸福感，但是，換個角度看，我們所面對的挑戰，也許是幸運的開始。我們所認為的不幸，到頭來可能是我們最大的優勢。

我的母親

我從讀小學、稍微懂事開始就不喜歡過母親節，也很怕老師要求我寫母親節相關的作文或周記，因為我的母親在我讀小學一年級前就離家出走了，那是她第二次離家出走，一直到了我讀國中一年級下學期，她才重返家庭。

人在十二、三歲之前對媽媽的依賴是很深的，偏偏我在這個人生最渴望母愛的階段缺乏媽媽的陪伴，小時候也因此對媽媽的印象很模糊，甚至對媽媽遺棄了我和弟弟，心中有著許多的不諒解。

記得國小三年級的時候，我的班導師在母親節前夕教我們唱孟郊的〈遊子吟〉，當大家唱著：「慈母手中線，遊子身上衣。臨行密密縫，意恐遲遲歸。誰言寸草心，報得三春暉。」我心裡好酸，邊唱邊想媽媽邊偷偷地掉眼淚，不知道我的媽媽在哪裡？她過得好不好？心裡是否掛念著我和弟弟？總覺得周邊的同學們好幸福，每天都有媽媽陪伴，有媽媽準備的便當，而我和弟弟不但沒有媽媽的陪伴，天天還得生活在爸爸酗酒和精神狀況不穩定所帶來的恐懼之下。

我國中一年級下學期，媽媽重返家庭之後，爸爸的精神狀況並沒有改善，他仍然常常對媽媽惡言相向，甚至動手毆打，或許媽媽已經學到了如何應對爸爸，她不再像以前一樣回嘴或還手，會盡可能忍耐，少了外在的刺激因素，爸爸動手的頻率也就逐漸減少了一些。

我讀軍校時期，多次在休假返家期間看到爸爸對媽媽的言語暴力和精神凌虐，我曾經問過媽媽，想不想離開這個家庭？她回答我，如果不是因為我當了職業軍人，她會選擇再一次離家出走，她不忍心再讓我和弟弟失去母親，也不願意因此而影響了我們的前途，所以她選擇忍耐，默默承受一切。至此，我對媽媽曾經二次離家出走的不諒解，才真正得到釋懷。

媽媽是一個聰明的人，從年輕到年老，她的雙眼永遠是炯炯有神。她雖然連小學的學歷都沒有，但是學習能力很強，反應很快，算盤打得又快又準，看她撥弄算盤，珠子在她手指之間跳動，也是一種享受。事實上，我們家並不經商，用不到算盤，她之所以能夠熟用算盤，據她表示，那是離家的那些年在外面工作所學到的工作技能。我學生時代的數理能力還算可以，或許有遺傳到她的基因吧，遺憾的是，我國中之後的學習成就不高，我的個性自卑，對自己沒有信心，對未來沒有盼望，我相信這些狀況和我的成長背景有關。

我曾經看過《康健》雜誌的一篇文章，提及所有人都希望自己的孩子能夠聰明伶俐，其實智商是會受到基因影響，而且是取決於媽媽的基因，不過科學家的研究結果發現，遺傳並不是影響智商的唯一決定因素，大概只有百分之四十至六十和遺傳有關，其他則來自環境因素。

研究人員共訪問了一萬二千六百八十六位十四至二十二歲的年輕人，發現人的智商的確受母親基因影響。然而，後天的教育、營養等也會影響智力發展，在智商測試中，生活在安全、有愛、營養充足家庭的小孩往往比那些生活在衝突環境、營養不良的孩子相比能拿到更高分數。

華盛頓大學研究也發現，母親和孩子的情感連結是大腦發育過程中重要的因素，研究人員費時七年觀察，發現有母親情感支持及智力需求被滿足的小孩，在十三歲時的海馬迴（Hippocampus）比沒有母親陪伴的小孩大百分之十。

海馬迴是控制關聯記憶、學習、壓力回應的區域，人每天接收到許多訊息、產生許多新的經驗，會進入大腦皮質各區初步整理後，再集中到海馬迴，形成短期記憶，再經過整理、取捨，送回大腦皮質，變成長期記憶。美國舊金山加州大學的研究報告更顯示，人們在大約十三歲時，海馬迴區域似乎就會停止製造神經細胞，由此更可以看出母親對於孩子的影響力有多大了。

孩子若是和母親關係緊密，能讓他們更有安全感，使他們勇於探索世界，並且有信心解決問題，尤其是負責任、細心、耐心的母親願意幫助孩子解決問題，更有助於孩子發揮潛能。*

我自己在成長過程中深切體認到「母親」在孩子的成長過程中扮演著重要的角

色，因此對於經濟困難、生活拮据的家庭，除了提供必要的物資幫助之外，特別自二〇二一年起舉辦「柔韌母親」表揚活動，鼓勵清寒弱勢家庭的母親們柔軟堅韌的生命特質，肯定她們超越艱困環境的限制，積極樂觀、盡心竭力地為家庭付出，並且重視孩子的教育，使孩子能具備良好的品格及卓越的表現。她們各有不同的生命經歷，但卻同樣的在生活困境中展現永不放棄的柔韌力量，並且成為孩子的榜樣。

我曾經對我的父親、母親有許多的不諒解，對我的成長背景和家境有諸多的遺憾和自卑，但換個角度思考，我所面對的挑戰，我所經歷的不幸，讓我更知道如何去幫助處在困境中的人們，到頭來成為我的祝福，也成為別人的祝福。我們每一個人的人生何嘗不是如此！

* 參考引自葉懿德編譯〈小孩聰不聰明由誰決定？科學家這麼說……〉，《康健雜誌》，https://today.line.me/tw/v2/article/mGOBQp，二〇二二年十一月二十二日有效瀏覽。

與媽媽相處的日子

好友傳給我一則訊息，並且分享了四張側拍的照片，方便我對照文字內容……

好友說，某日陪伴母親看診後，在醫院附近的餐廳買午餐時，看見了一幅「美麗的風景」……

眼前一位中年男士在用餐區輕聲細語地呵護著老母親，並且溫柔地餵她吃飯。他們用餐期間，老母親突然感到身體不適，那位男士緊緊地抱著她，安撫著媽媽的情緒，同時請店家呼叫救護車，過不多時，救護車來了，即時幫助了這對母子。

看完好友的訊息內容及四張照片，我心裡非常的感動，除了祝福那位老母親平安無事，同時也祝福那位孝順體貼的男士成為有福氣的人。

好友分享的訊息，讓我想起過世多年的母親。

二〇一一年一月十日，我的父親因癌症過世，我當時在國防部發言人室服務，工作非常忙碌，且平時都住宿在國防部，因為擔心自己無法妥善照顧媽媽，於是安排她住進照護服務很優質的署立台南醫院所屬的「護理之家」，一直到二〇一五年五月三十日媽媽離世為止。

媽媽住在「護理之家」的那四年，我幾乎每個星期六或星期日的上午，都會從板橋搭乘高鐵到台南，然後從高鐵站轉搭接駁的客運車或台鐵沙崙線的區間車到台南火車站，再走一段路到醫院陪伴媽媽。雖然南北來回花費不少時間和車資，但每一次看到媽媽在看到我的時候臉上所綻放的笑容，我也忘了舟車辛苦。

媽媽在「護理之家」的第一年，她雙腳還可以行走，我會偷偷帶著她逛逛附近的新光三越百貨，或是帶她到台南護理專科學校或南方公園附近的小餐廳吃頓美食。

媽媽的個性雖然某種程度的倔強，但也不失活潑風趣，因此常和一些在「護理之家」實習的護專學生們打成一片，學生嘴甜，常常逗得她很開心。有一次我陪她走在南方公園的市集之間，碰巧遇到一位實習學生，她驚訝的問媽媽：「阿嬤，妳怎麼會在這裡？」媽媽馬上用手指頭比了比嘴唇，意思是請她不要告訴護理站，實習生也趕緊點點頭，示意她懂了，有趣的畫面讓我至今難忘。

第二年的冬天，某日早晨媽媽起床時，因為中風導致腿軟沒有站穩，竟然跌裂了右大腿骨，由於她的年事已高，加上糖尿病及骨質密度嚴重負數，醫生不建議開刀，從此之後，她再也不方便走路，右手也無法使力，她僅能坐在輪椅上，讓我推著她在院區內散心。夏天時為了避開炙熱的太陽或是冬天時為了避免冷風吹到她著涼感冒，我通常會把她推到一樓的門診大廳陪她聊聊天。周末假日的署立醫院沒有門診，往往偌大的空間只有聽到我和媽媽的對話聲音。

無法行走的媽媽，加上右手軟弱無力，她的笑容變得少了，連護專的學生逗她開心時，她也不再像以前一樣開懷大笑，倒是一向個性嚴肅的我所講的冷笑話，媽媽總是不吝用笑聲來回應鼓勵我。

每到午餐的時間，我就會故意問媽媽，要不要回「護理之家」用餐，媽媽總是簡單的回覆「不要」！我知道她的意思，她覺得「護理之家」客廳用餐的人多，聲音難免吵雜，加上我的工作忙碌，能陪她的時間有限，她總希望我們母子倆能有更多單獨相處的時間。

和媽媽共享午餐是一段快樂的時光。我通常會讓媽媽在門診大廳待一會兒，然後快步到南方公園附近的攤位買她喜歡吃的虱目魚粥或是海鮮米粉湯。虱目魚雖然味道鮮美，但魚身有許多細刺，我必須先幫媽媽將魚刺剔除乾淨，才能讓她安心享用。如果買的是海鮮米粉湯，媽媽最愛品嚐的是肥美新鮮的蝦子和豬肝，我會幫她剝掉蝦殼，然後一口一口地餵她，看著她快樂地吃完午餐，是為人子女者最大的幸福。

午餐時間，有時難免會碰到媒體記者來電查詢軍事新聞議題的狀況，媽媽總是靜靜地聽我講電話，時而對著我點頭微笑，彷彿是在為我加油打氣。

有一次和專責媽媽房間的照護員聊天，她說，媽媽很喜歡在電視上看到我，每一次我主持記者會或接受採訪之後，只要媽媽看到我出現在電視畫面上，她就會興奮地告訴其他人：「遐是阮囝仔。」

媽媽以兒子為榮的舉動，可以理解，但對於個性一向低調的我而言，也帶來不少的壓力，因為我喜歡自己沒有公眾人物的包袱，單純地以家屬的身分出入「護理之家」。

用完午餐之後，媽媽需要回房間休息二、三小時；在她行動不方便之後，第一次抱她上床時，由於我抱她的姿勢不對，不但扭傷了腰，也讓媽媽因為右大腿的疼痛而唉哼不斷。後來照護員教我如何用「環抱」的方式，不需要太費力氣就可以讓媽媽坐上床，並且輕鬆的躺下休息。

媽媽午覺醒來，往往也是我準備搭車回板橋的時候，她總是充滿了不捨，甚至會流下眼淚，我必須不斷地安撫她，才能讓媽媽的心情平靜。對我而言，每次北返車程都是一種複雜的心情感受，坐在高鐵上，列車飛馳，望著窗外的景物瞬間掠過，總會想起小時候對母愛的渴望，對媽媽離棄我和弟弟的怨嘆。但隨著媽媽漸漸衰老，我的年齡漸長，了解和理解媽媽當年的無奈，我告訴自己——孝要即時，如果我依舊活在哀怨的情境裡，我將不會是一個快樂的人。我很高興自己在媽媽人生的最後四年，認真地陪伴了她，帶給她快樂，也帶給自己心靈釋放的快樂。

我生命中的挑戰

二〇一六年五月十六日我從國防部退伍了，結束了將近三十一年的軍旅生涯，雖然如願提前退伍了，但是心裡對於這份付出我青壯歲月、助我脫貧的工作，仍不免有著不捨之情。

許多人很好奇我退伍的原因？其實，我退伍的唯一原因和我貧困、高風險的成長背景有關。

我的父親是滇緬部隊的士兵，民國四十三年，他隨著第一批滇緬部隊歷經千辛萬苦的從中國大陸的雲南、緬甸、泰國回到台灣，他到台灣之後，被部隊送到陸軍官校就讀，民國四十五年他從少尉排長幹起，四十七年擔任中尉副連長時，在八二三砲戰的某次運補任務中負傷了，他雖因此獲得二枚獎章，但因為傷勢嚴重，導致他無法繼續留在部隊服務，在那個貧窮的年代，少了部隊的保障，生活更加的辛苦，他幾乎一無所有。民國五十年，當他和我的母親結婚，並且陸續有了我和弟弟之後，原本辛苦的生活更加增添壓力和艱難。

貧窮帶給人的不只是身體飢餓和困乏，心理層面的問題往往也會帶給當事人和他身邊的人更大的壓力和困擾。

我的父親因為身體的創傷所帶來的長期不適，以及生活的不如意，漸漸有了酗酒的問題，精神方面也發生了狀況，連帶的產生家暴的問題，在我小時候，他打我的母親打得很凶，偏偏媽媽又是一個個性強硬的人，互不相讓、你來我往的結果很悲慘，我四歲多的時候，媽媽第一次離家出走，而且是當著我的面離家出走，我至今都無法忘記媽媽搭上高雄客運離家的畫面。

因為媽媽不在，爸爸無力照顧我和弟弟，所以我們兄弟倆被送到屏東里港的信望愛孤兒院，在信望愛住了一年半左右，我的舅舅把媽媽送回來，我和弟弟才被接回家，我六歲那一年，我們全家搬至美濃黃蝶翠谷的山上，我爸爸開墾了一個小農場，本以為從此可以過一個幸福的生活，但是我爸爸酗酒的問題及精神疾病所衍生的狀況越來越嚴重，有一天，他和我媽媽又發生嚴重衝突，竟然用開山刀砍傷了我的媽媽，媽媽在鄰居的幫助下逃離了家，這一別又是七年多的時間，這當中，我和弟弟又被送到寄養家庭，並且住了一年多的時間，我的養父養母就是美濃基督教浸信會的蘇印川牧師、師母。

我的弟弟在美濃浸信會住了近半年，我則住了一年半的時間，我的養父養母非常具有耶穌基督的愛，他們有五個孩子，靠著微薄的薪水養我們七個孩子，但是他們把我和弟弟視如己出，照顧我們、幫助我們、教導我們。

我在小學二年級上學期的時候回到了原生家庭，當時我的爸爸帶著我和弟弟，這是一個典型的單親家庭，因為家裡很窮，所以我從小學三年級開始，天天做家事，也會配合廟會慶典活動賣酸梅湯、冬瓜茶、愛玉、刨冰，幫爸爸揉麵、擀麵、賣水煎包，還要負責到水井打水，什麼樣的粗活，我都做過。我還記得水井的直徑大約一公尺，深大約有十來公尺，井的圍牆高度大概只有一公尺高，那時候打水的水桶是鐵桶，鐵桶加上水，重量頗重，我每次打水都是膽戰心驚，深怕力量不足，一個倒栽跟頭，就永遠上不來了。

我爸爸不具備烹飪的能力，所以他的水煎包生意難為，家裡又有兩個孩子要養，他迫不得已寫了一封信給當時的行政院副院長蔣經國先生，經國先生於是請退輔會協助安排我父親到美濃鎮公所服務。當時的鎮公所只有清潔隊還有職缺，於是我的父親就當上了清潔隊員，我小時候不懂事，認為他的工作很不光彩，加上他酗酒和精神的狀況，常常引起同學們的恥笑，所以我小時候很自卑，直到長大之後，才體會到工作沒有貴賤之分，即使清潔隊員也是份有意義的工作，值得我們每一個人尊敬。

回想過往的歲月，其實生活上的辛苦對我來講，都是可以忍耐和承受，最讓我感到痛苦的事情，是我爸爸酗酒和精神病發作時，往往會伴隨著暴力，我爸爸打起我們兄弟像發了瘋一樣，很恐怖，甚至有一次因為我的弟弟犯了錯，他抓起弟弟就想往井裡丟，我跪著求他，外加鄰居的幫助，才制止憾事的發生。

國中一年級，我的母親因為全國戶口普查的原因，終於回家了。那一天，美濃派出所的警員打電話到學校告訴老師，羅紹和的媽媽回來了，想看看孩子，於是我在老師的陪同下來到派出所，七年多不見，眼前的媽媽似乎熟悉，卻又陌生，我媽叫了一聲我的名字，我的淚水就忍不住流個不停。媽媽回來了，但是我卻墮落了，因為對媽媽有太多的不諒解，所以我不再認真讀書，我開始變壞，偷錢（偷教會的錢）、打架、欺騙、頂嘴，我非常感謝這段時間，我的班導師黃壽華老師、我的養父養母對我沒有放棄，讓我不至於墮落更深。

因為國二、三的功課成績下滑，我高中聯考成績無法進入第一志願，我雖然也考上了中正預校，但是我的媽媽心裡對我有所虧欠，因此不希望我念軍校，於是我進入省立岡山高中，高中三年的生活過得很拮据，很少吃過早餐，至於周末日，幾乎常常餓著肚子，雖然物資環境很苦，但是我的心更苦，因為爸爸的狀況越來越嚴重，我的心中有許多的不解，也有許多的怨和恨，失去人生的方向，所以我高中三年渾渾噩噩的度過，如果不是遇到我的班導師傅錫正老師（國文老師）的開導和幫助，我可能連高中文憑都拿不到。因為功課不好，我的大學聯考成績勉強能進某所私立學校，我爸說，他負擔不起，還好我考上了政戰學校新聞系，新聞系是我很想念的科系，所以我就這樣成了軍人。

初到政戰學校，因為不習慣學長學弟制度，加上小時候因為感冒沒有錢看醫生，所以我的鼻炎和過敏狀況嚴重，加上北投的冬天格外的冷，我常常一早起床就流鼻血，那時候過得苦不堪言，很想退學，但是不敢退，因為要賠錢，家裡賠不起，只能告訴自己忍耐。軍校四年，我的求學態度是消極的，對自己未來的人生充滿了茫然，即使畢業分發到了部隊，我依然過得很不快樂，直到有一天，我的營長關切我的心緒狀況，我才知道，我把緣自家庭中的不快樂、冷漠、封閉等負面情緒帶給周遭的人，那時我驚覺到自己的內心必須被改變，別人沒有得罪我、傷害我，我不應該把痛苦不愉快帶給別人。

我知道自己的家世背景不好，所以我在部隊服務時，很盡心竭力、克盡職責，軍旅生涯中也因此得到長官的賞識與拔擢，並且當選過莒光楷模、國軍楷模、國軍模範團體主官等殊榮。

二〇一一年三月一日我接任軍事發言人，同年六月二十六日晉升少將。晉升將軍那一天，我告訴自己，一生中的恩人貴人太多，我無法一一回報，唯一能做的事情就是盡早可以退伍，將我的餘生奉獻給社會上的弱勢家庭，幫助他（她）們也能度過困境。

人生的苦難、患難很多，一般人對於這些挑戰，都會認為是自己倒楣、命不好、運不佳，但生命中的苦難、患難往往也是一種祝福。我回顧自己的人生，在不同的階段也充滿了許多的困難，而這些生命中的挑戰，磨練了我的心志，不但讓我有堅韌的意志力，也更能夠用同理心去關懷和幫助同處逆境中的人。

入火，才能淬煉成鋼

民國一一〇年九月的某星期日，我應邀到屏東偏遠的一所教會擔任主日崇拜的講員，向現場的會友及八位就讀高中（職）的青少年分享我的人生經歷、生命故事，鼓勵他們在面對困境、逆境或是遇到人生低潮時，如何幫助自己度過難關。

這是一所成立七十年的老教堂、小教會，聚會的人數不多，牧師已過耳順之年，但是她三分之二的人生獻身於偏鄉弱勢家庭的關懷工作。正因為她犧牲奉獻的精神感動了我，因此，當她和我電話聯繫，徵詢我是否可以到教會分享人生的酸甜苦辣，鼓勵孩子們努力求學，或是習得技職專長，或是未來選擇當志願役軍人，為自己找一條正確的人生道路。

我很爽快答應了牧師的邀請，而且婉謝牧師對我食宿交通費用的補助。雖然此行的路程遙遠，但卻是一趟很有意義的行程。

那一天與會的青少年有八位，他們各有不同的家庭背景，有的是單親家庭，靠著單親媽媽辛苦的工作，養育拉拔孩子長大，有的是隔代教養的家庭，父母親遠到北部工作，一年難得回家幾次，因此養育孩子的責任就交給了阿公阿嬤。鄉下的孩子，學習資源和物資條件不若都市裡的孩子，但是他（她）們純真、善良、質樸，當我和他們初次見面時，這些孩子顯得靦腆、拘謹，我們彼此的互動，一開始並不是很熱絡，讓我有一些小挫折，但當我分享我的生命故事之後，從他們閃亮的眼神之中，我知道我們已經產生了共鳴。

座談時，有一位孩子問我，年輕的時候為什麼會選擇當軍人？當軍人對我的人生有什麼樣的幫助？另一位孩子問我，讀軍校時有沒有不適應的問題？如何戰勝生活不適應所帶來的壓力？兩個孩子的提問都是很實際的問題。我告訴孩子們，我之所以選擇就讀軍校、當志願役軍人，一方面因為從軍報國，可以保國衛民，另一方面，我不用再擔心餓肚子，不用再憂慮下一餐在哪裡？軍校畢業之後，我可以有穩定的工作和收入，可以減輕家庭的經濟負擔。很多人無法體會，為什麼我到了十八歲就讀軍校之後，才免於飢餓的壓力。

我告訴孩子們，對於四〇、五〇年代出生的人而言，我們生長的年代，台海兩岸正處於軍事對峙的狀態，我們受到父親及長輩們的影響，認為從軍報國是報效國家、守護家園的最直接方式，尤其對於家庭環境不好的人而言，從軍更是脫貧的最佳選擇，但也不是每一個人都適合當軍人，必須看自己的個性。

其實，我就讀軍校之前，大學聯考成績可以分發到私立大學，但當時的家境貧困，我的父親明白的告訴我，沒有錢可以讓我讀私立大學，也沒有錢可以讓我補習、隔年重考大學，我唯一的選擇就是就讀軍校。大學聯考放榜後不到一周的時間，軍校聯合招生也放榜了，我考上了政戰學校新聞系。新聞系是我當時唯一選填的志願，於是我進入了復興崗，開啟了軍旅生涯。

當時軍校生的來源管道，包括中正預校學生、軍校聯招學生，無論是預校直升的學生或是聯招的學生都必須接受為期三個月的入伍教育訓練，由於我是軍校聯招的學生，因此先在復興崗接受為期一周的調適教育，調適教育期間，學校為了避免聯招的學生適應不良而退學，因此要求實習幹部（專科班的學長）不能給我們太大的壓力。我記得預備教育的第一天早餐，我一口氣吃了三個又白又香的饅頭，晚點名之後，還有學長們用心沖泡的牛奶及麵包等宵夜，那一個星期，每一個聯招生都過得很快樂，沒想到一星期之後的入伍教育，讓人彷彿從天堂掉到地獄一般，痛苦難忘。

好不容易撐過了三個月的入伍教育，以為回到復興崗之後，日子會過得輕鬆一點，無奈事與願違。軍校一年級生是二、三、四年級學長、姊們「關心、注目」的重點，當年，我和同學們天天過得膽戰心驚。一年級生還有一項特有的待遇，那就是走路轉彎一定要拐直角，只要被學長、姊發現沒有拐直角，下場鐵定很慘。

我因為家裡貧窮，小學時曾經因為重感冒沒有就醫，加上本身體質不佳，造成慢性鼻竇炎的問題，除了常常鼻塞、呼吸不順暢，又因為冬天時期，北投復興崗格外寒冷，而且一年級生在起床後必須三十秒內離開寢室，心情緊張得不得了，常常在早上起床後流鼻血。我有好幾次在晚上就寢時抱著棉被掉眼淚，心裡好想退學，但是軍校退學是要先辦理賠償才能離校，我的家境貧困，無法負擔賠償，我的父親精神狀況很差，也無法忍受我退學，所以我只能告訴自己一定要忍耐，就這樣忍耐到升上二年級之後，心理壓力才逐漸地減小。

我告訴孩子們，唐朝時期的著名僧人黃檗說：不經一番寒徹骨，怎得梅花撲鼻香。此話的目的在勉勵人克服困難，立志成就事業。我們的人生需要「入火」多次，才能煉鐵成鋼。我們無法選擇出生的環境，但是我們可以努力改變後天的環境；家世卑微，並不會影響未來的事業成就，重點在於我們是否願意把苦難當作人生的養分，幫助自己更加的成長與茁壯。

在座談結束後的數日，我接到了牧師的電話，她很高興的分享，孩子們把我的話聽進去了，有的孩子立志要當志願役軍人，先求穩定的收入來改善家庭環境；有些孩子希望學習技能專長，未來在社會上擁有謀生的能力，也有孩子希望高中畢業後順利就讀理想的大學，甚至有一位孩子希望將來留在家鄉為地方的文化保存盡一份心力。不管他們未來走什麼樣的路，她相信每一個孩子的心中都有了明確的人生目標。

軍旅生涯初體驗

昔日在馬祖東莒共事過的士官汪副排長傳來幾張當年的軍旅照片，看著照片中每一個熟悉的面孔，勾起了我許多的回憶。

民國七十四年十一月九日，三軍四校（陸、海、空軍官校、政戰學校）聯合畢業典禮之後，我和另外兩位政戰同學、一位陸官砲兵科的同學及一位預官醫官，依派職通知，原應在十一月十六日晚上搭乘軍艦前往馬祖報到，但因為當周天候不佳，基於安全，我們一行人一直等到十二月四日才搭乘海軍舷號五一八太武艦前往馬祖防衛司令部莒光指揮部。當時我服務的單位是位於東莒島的步兵第二營第二連，職階是中尉排長。

冬天的台灣海峽常因為東北季風的緣故，造成海象不佳，我在馬祖服務的二年一個月，體會尤為深刻。十二月四日晚上，是我人生第一次搭乘船艦；印象中，當晚的風浪應該有六至八級左右，我們在基隆港內尚且感受不到風浪的威力，但是，當太武艦出了基隆港之後，格外感受到大自然的可畏。那個晚上，艦外的風聲、艦內的嘔吐聲，聲聲入耳，我暈得很難受，初始還能強忍著不吐，最後還是因為艦內嘔吐物的味道陣陣撲鼻而忍不住的吐了一次。

五日的早晨六點左右，太武艦錨泊在距離東引島約二百公尺的海域，讓東引的官兵及百姓逐一接駁上岸，雖然我當時暈船不舒服，但還是好奇的想看看東引長什麼樣子？因為下雨，所以我只能站在艙門口，雨中的東引島光禿禿一片，看不到幾棵樹，讓人的心情特別低沉，我心裡想，不曉得莒光會不會好一點？莒光到底會是什麼樣子的小島呢？

在東引官兵及百姓離艦之後，太武艦繼續往目的地南竿福澳港破浪前進，我們大約在九點左右抵達福澳港，五位菜鳥軍官在防區人事官的引導下離開太武艦，隨後和一群莒光指揮部的收假官兵登上軍租民船安勝輪。安勝輪是客、貨兩用，往返南竿、莒光之間的交通船，噸數不大，使用柴油引擎，航行期間，不管颳風下雨或是豔陽高照，大多數的官兵都得待在甲板上，所以，當風把柴油煙往甲板的方向吹拂時，那真的是令人痛苦不堪。

十二月的馬祖格外寒冷，風浪亦令人心懼，我們坐在安勝輪上，迎著風、頂著浪，向著西莒邁進，陣陣的浪花，使得我們身上的綠色夾克及長褲漸漸濕透。突然看到一名隨船的槍兵衝向船頭，拿下五〇機槍上的塑膠罩套，並且拉開了槍機，原來當時浪高霧大，一旦霧稍稍消散之後，看到多艘對岸的機帆船航行在安勝輪的周邊，氣氛真的有些緊張，一直到機帆船遠離了，隨船槍兵才離開五〇機槍架。

安勝輪在搖晃近兩個小時之後，終於來到西莒的青帆港，由於適逢退潮，所以安勝輪無法靠港，所有人依序換搭舢舨，再從舢舨上踏著長木板上岸。當我們一上岸，抬頭看到手握權杖、表情嚴肅的指揮官章伯平將軍已經在碼頭上等待我們，我們五個人已經暈船暈到天搖地晃，根本無法分辨東西南北，對於章指揮官的問話與關懷，只能以「答非所問」來形容了。

指揮官章將軍看五個菜鳥軍官暈船暈得厲害，對於我們「答非所問」也就不忍苛責及多問話了，於是指示人事官早點讓我們到幹訓班報到及休息。我們望著指揮官挺拔的背影，握著權杖、雄壯威武的上了吉普車，人事官使了個眼色給我，我立即用力喊出「敬禮」的口令，一行人舉手敬禮目送指揮官離開青帆村。那一聲用盡氣力的口令，讓我差點又要再吐一次。

西莒相較於東莒，地勢較為陡峭，所以一離開青帆港，沿路都是上坡路段。我們問人事官，待會兒坐車嗎？他看了我們一眼，淡淡的回答：路程很近，只有二、三百多公尺，我們走路到幹訓班；聽完話，我們毫不猶豫揹起重重的復興崗大背包，跟著人事官一路往上走，本以為一口氣就可以抵達幹訓班，但是走不到一半的路程，暈船加上陡峭的上坡路，已經讓五個菜鳥軍官氣喘吁吁，可憐的預官醫官更是上氣不接下氣，好不容易走完這段令人難忘的「好漢坡」，五個人真是疲累不堪。晚餐，沒有一個人有胃口。

晚餐前，指揮部政一科的人事官朱開志中尉來幹訓班通知我們三位政戰軍官，晚餐後，政戰主任崔繼言上校召見，希望我們注意儀容。朱中尉是政戰學校民國七十三年班的學長，他的反應快、能力強，獲得長官的信任和重用，當時雖仍是莒指部本部連的輔導長，但是支援指揮部的政戰人事業務，我在莒光服務期間，受他的照顧甚多。

崔主任是一位溫文儒雅的長官，外表雖然嚴肅、笑容不多，但是他的話語很有溫度，他和我們三位初下部隊的政戰軍官閒話家長，減輕了我們心中的緊張，同時深刻感受到溫暖的力量。據了解，崔主任的父親是資深國大代表，家世背景不錯，可是他給所有官兵的感覺是態度柔和謙虛，而且非常照顧官兵，是一位好長官。

我們五位軍官，醫官陳志榮少尉在幹訓班待了幾天之後就提前回到東莒醫務所服務，其他四位常備軍官在幹訓班待了三個星期之後，才各自回到原建置部隊報到；其中，政戰學校的盧姓同學留在西莒服務，我和政戰學校的李姓同學、陸軍官校的熊姓同學則在東莒服務。在幹訓班受訓的日子，算是初任官的調適教育，雖然我們和受訓的士官隊一起作息，但是班主任和幹部對我們頗為禮遇，在內部管理方面，也會給我們某種程度的自由空間，例如，我們不需要帶隊到青帆村洗澡，可以自行搭西莒唯一的一輛公車到田沃村、西坵村等村落的澡堂洗澡，或是偶爾到中正堂看場電影。

民國七十年代的外島部隊，物資條件不若現在，加上戰地政務及管制等因素，雖然生活環境不佳和訓練辛苦，但是每一位官兵想到自己能為國家做點事情，心裡總是踏實、快樂的。

在馬祖戍守的日子

民國一〇四年十一月，我以國防部發言人的身分陪同多位資深記者到馬祖參訪，回到當年擔任排長、連輔導長的東莒島，恰巧看到東、西莒光島的交通船進入猛澳港，看到船舶越來越流線、高速、舒適，心裡很為現在的部隊官兵及當地居民感到高興，但是回想當年我搭東、西莒交通船的痛苦經驗，卻是往事不堪回首。

說是交通船，其實只是長約十公尺的木殼機動舢舨，它也就是馬祖漁民所使用的漁船，在去掉船艛及船舷之後，主甲板面較為水平，弧度較小，面積較大，用來作為東、西莒之間載客、載貨雙用的機動客貨船。

當年東、西莒之間的交通船有二艘，一艘叫「莒光號」，以西莒的青帆港為母港，另一艘叫「凱旋號」，以東莒的猛澳港為母港。大致上，每一天的上、下午，東、西莒的交通會對開往返一航次，無論是開「莒光號」或「凱旋號」，船上一定會有一位士官擔任「押船士」，腰帶上配備一把四五手槍，威風凜凜地站在船老大（船長）旁，除了保護搭船的軍民，當然也有防範交通船被劫的目的。

當我從幹訓班結訓要返回東莒步二營報到時，必須搭乘交通船，那天是我人生第一次搭乘「凱旋號」，可怕的搭船記憶至今難忘。

東、西莒之間的水域大約三公里，在風平浪靜的季節，交通船的航程大約半小時，但是每年的十一月至次年的三、四月，因為浪大、湧急，因此航程大約是五十分鐘至一小時。天候不佳時搭乘交通船是非常痛苦的事情，近一小時的航程裡，讓人充分體驗到顛簸、搖晃、暈船、嘔吐、害怕的滋味。尤其是風浪大的時候，看著船老大奮力的「切」浪頭，小小的船一會兒在浪頭上，一會兒在浪底，兩側的海浪比船還高，再勇敢的人也會緊張害怕。

其實，有經驗的船老大不怕「浪大」，反而比較在意「湧急」，有一次，我連上的副連長剛好碰到這種狀況，交通船過了莒光水域的中線之後，船一直被浪湧帶往東莒島南側的無人島，還好船老大的技術很棒，經過一番努力，終於安全的將船開回猛澳港，當交通船觸灘之後，除了一臉疲憊的船老大還能扶著船舵站著之外，其他搭船的軍民同胞們，個個全身濕透、臉色慘白，趴的趴、吐的吐，連威風凜凜的「押船士」也蹲在沙灘上久久站不起來。我想，這些痛苦的搭船經歷，大概只有八〇年代以前在莒光指揮部服役的官兵才能親身感受吧。

我所歸建的東莒步二營步二連位於東莒島的成功坑道，全連除了第一排駐守在一一九高地之外，另二個排及六〇砲組的官兵則集中在H型的坑道內。

我是第一排的排長，駐地就在一一九高地。當天晚點名時由連長歐陽仁上尉布達我的新職，之後我就跟著副排汪傳侗中士回到排部，和另外一位預官排長陳少尉共同負責一一九高地的防務。那個年代，外島的燈火管制很嚴格，因此晚點名一定是在中山室內舉行，所有中山室都會拉上統一規格的窗簾布，所謂統一規格，也就是一面是紅布，另一面是黑布，遮光效果甚佳。

馬祖的冬天只能用「冷冽」來形容，當地溫度往往會比台灣還要低幾度，除了冷，加上東莒島只有二．六平方公里，地勢平坦，沒有天然的屏障，所以風勢特別強勁。我所駐守的一一九高地是全島最高之處，風勢尤其可怕，冬天住在碉堡裡，外面的風聲猶如鬼哭神號一般，晚上服勤的弟兄即使穿上防寒大衣，依舊會冷得發抖。

三十多年前的一一九高地因為是東莒島的制高點，因此部署了九〇高砲，以及四管五〇機槍。我學生時代在陸軍步校曾經上過五〇機槍的課程，因此對五〇機槍還算熟悉，但對於九〇高砲則是第一次接觸。九〇高砲是美軍在二次世界大戰期間主要的地面防空武器之一，它也可用於反裝甲用途，作為反坦克砲和戰車砲，在外島地區除了防空，也是反船艦的武器，聽說很精準。因為是第一次接觸九〇高砲，所以我很認真的背記九〇高砲的性能、諸元，不過我問當時排上的弟兄有沒有人射擊過九〇高砲，竟然都沒有射擊的經驗，這是因為步二營稍早才從台灣移防東莒，在台灣，九〇高砲並非陸軍步兵的建制武器。

步二營的前身是龍虎部隊二四九師步四營，部隊於民國七十一年三月從台東移防到西莒島，七十二年十月從西莒島移防回花蓮，七十四年八月再從花蓮移防到東莒，這也是部隊最後一次移防，之後的官、士、兵都是在新訓中心結訓前依據抽籤結果而分發部隊。

早年的部隊移防頻繁，移動的不只是國軍官兵，還包括了武器裝備，整個的移防任務非常複雜艱難，待過外島部隊的人才能了解官兵們戍守前線的辛苦，我們應該向過去數十年來守護台灣安全的國軍官兵致謝、致敬。

兵隨將轉

——猛澳港搶灘任務

多年前，在一個偶然的機會裡，遇到當年我在馬祖東莒步二營步二連服務時的連長歐陽仁上尉，看到連長帥氣依舊，從外貌看不出實際年齡，令人好生羨慕。歐連長是陸軍官校專科二期畢業，當年在東莒島上因為工作能力強，長相英俊瀟灑，甚得營長的信任和連上官兵的尊敬。

當時的連輔導長是林明正少尉，預官三十三期，是一位幽默風趣的政戰幹部。副連長王漢章中尉則是陸軍官校專科五期畢業，長得瘦瘦高高，為人謙和。連上還有一位大哥級人物劉新山士官長，以及六〇砲組的宗博明上士，步兵排的呂文龍上士、黃永和上士、羅雲龍中士、吳上林中士、董朝貴中士、吳浩銘中士和汪傳侗中士等資深幹部。

早年部隊裡的老士官長，給人的印象除了鄉音很重，他們幾乎都是孤家寡人，因此以部隊為家，雖然有些老士官長的脾氣古怪、年紀也大，但是他們的服從性很高，只要連長交託任務，一定全力以赴，把事情做好做滿，不讓連長操心。

我連上的劉新山士官長當時負責廚房的工作，他總是把廚房和餐廳管理得井然有序、乾乾淨淨，但是，只要有哪一個弟兄調皮搗蛋不聽話，那個弟兄鐵定會被他罵得狗血淋頭。曾經有一位弟兄不長眼睛，讓劉士官長氣得拿著菜刀邊追邊罵。通常會惹他生氣的兵大概都是「菜鳥」，初到連上還搞不清楚狀況。

我和劉士官長相處得很愉快，他知道我的父親是雲南老兵，對我格外關愛，只可惜我們只相處了半年，他就屆齡退伍了。他離開東莒島的那一天，我陪他到猛澳港搭乘交通船，並且把家裡的地址抄寫給他，希望保持連絡，他說他識字不多，不知道該怎麼寫信。他說，回台灣之後暫時住在朋友家，將來也不知道會在哪裡。我安慰他，若是有緣，我們一定會再見面的。交通船來了，看著他孤伶伶的背影，吃力的登上「凱旋號」，我的心裡一陣酸澀，充滿了不捨。民國七十六年十二月，當我輪調回台灣之後，曾經多次打聽他的下落，但始終找不著，算算他的年齡，已經九十多歲了，祈盼他平安健康。

當時連上的士官長、上士、中士，個個都很優秀，也很有才華，像汪傳侗中士的本職學能佳，宗博明上士是原住民，很會唱歌。這些優秀的士官幹部認真負責，能為連長分憂解勞，尤其是有關工程的任務，只要下達命令，他們一定使命必達。我和這些士官們相處時間或長或短，對我的人生而言，都是一段美好的回憶。

我當排長半年期間，常常要帶部隊到猛澳港執行工程任務，剛開始，我什麼都不懂，但是連上的士官們很有耐心的教我如何攪拌混泥土，例如水泥、碎石、砂的比例要一比三比六，鷹架要如何搭，板模要如何綑綁才會牢固與安全，這些知識都是以往在軍校裡學不到的。

在猛澳港構工時，最怕聽到「蛋頭來了！蛋頭來了！」蛋頭是東莒的「島主」，他是莒指部的副指揮官，官拜少將，負責東莒島的管理。他因為頭頂光溜溜，所以被弟兄們稱為「蛋頭」。我印象中，副指揮官的口音像是廣東人。他對於工程的要求很嚴格，因此所到之處常有肅殺之氣，可是他對我不錯，從來沒有罵過我，或許他覺得一個政戰中尉常帶著部隊施工，即使不如他期待，但也不忍苛責吧。

步二連屬於集中管理的部隊，全連三分之二的兵力住宿在成功坑道，不像步一連、步三連，官兵分散在各據點。集中連往往也可能是「精誠連」，任務很重，它常常要代表防區接受總部、國防部的戰備督考、戰技測驗，還有另一項重要的任務，就是負責工程施作，我以前不明白為什麼外島永遠有做不完的工程，拆完再蓋，蓋完再拆，每一任的長官似乎都有自己的想法。

猛澳港兩側「軍令如山、同島一命」的牆垣，幾乎有一半是我當年帶著官兵辛苦搭建起來的。民國一〇四年十一月，當我陪著幾位資深的媒體朋友重返東莒島，站在猛澳港的碼頭上，望著那片牆，內心無比感嘆，往事不堪回首啊。

我的軍旅生涯中，猛澳港帶給我許多難忘的搭船、構工及搶灘的記憶，尤其是搶灘作業。

猛澳港的沙灘平緩，而且略近半弧形，是一個適合執行搶灘運補任務的港口，因此，每一年五月至九月之間，只要天候狀況良好，每個月至少會有一次海軍的合字艇或中字號戰車登陸艦在猛澳港搶灘，一到搶灘運補任務，東莒島的步二、三營除了衛哨及留守人員之外，其餘官兵弟兄幾乎都要參與搶灘任務。

合字艇的運載量較小，通常都是從馬祖南竿運補物資到西莒或東莒，官兵們的搶灘負荷量不會太大，但是中字號的搶灘任務可就很累人了。中字號都是從台灣到東莒，運補的物資包括鋼筋、水泥、桌椅、裝備，往往運補的物資或大或重。

搶灘時，島上的官兵們站在猛澳港周邊待命，看著中字號的艦首緩緩對著猛澳港的中心點，當潮水退到符合搶灘的標準時，補給艦即實施搶灘及坐灘，此時岸上的士官兵要立即「拉纜繩，鋪膠墊」，然後所有的士官兵就像螞蟻搬家一般，要用最快的速度，以人力的方式，把艦上所有必須下載的物資運送上岸，由於時間緊促，所以一趟搶灘任務下來，參與的官兵弟兄幾乎都要累趴了。

搶灘任務時，弟兄們最不喜歡扛水泥和扛鋼筋的差事，因為鋼筋和水泥很重，尤其是水泥，除了會造成皮膚過敏，也容易弄髒衣服，每次扛完水泥，每一個人都是灰頭土臉，誰也認不出誰。

社會上，各行各業總有其辛苦的一面，在部隊，不同的軍種也各有辛苦的地方。以搶灘任務而言，陸軍弟兄付出的勞力最多，很辛苦，但看似輕鬆的海軍弟兄也很辛苦，他們在海上航行期間的辛勞與壓力，陸軍的弟兄恐怕無法體會。

我喜歡和士官兵一起生活、一起訓練、一起工作，我的領導統御從學生時代就受到復興崗創辦人蔣故總統經國先生的影響，凡事以身作則，我不喜歡只會動口或是凡事躲得遠遠的。我從當排長、輔導長時，喜歡和弟兄們同生死、共患難、一起幹活。搶灘任務時，和他們一起扛鋼筋、扛水泥。弟兄們看到我比他們還勤勞、還拚命，坦白說，沒有一個人會想要打混摸魚。步二營步二連的官、士、兵，大家都能共患難，而且有著兄弟般的情誼，所以執行任務的能力強、效率高。

部隊要能夠發揮戰力、企業要能夠成長茁壯，領導者的角色很重要，曾經有一項研究結果顯示，部屬定位主管為高信任時，會展現高度的「模範行為」；部屬定位主管為高能力及高信任時，會有最高程度的「學習行為」；但是當部屬定位主管為低信任時，會有較高程度的「消極行為」；部屬定位主管為低能力及低信任時，會有最高程度的「疏離行為」。我想，這就是「兵隨將轉」的意涵吧。

軍紀安全與危機處理

民國七十四至七十六年，我在馬祖東莒島服務期間，義務役的官士兵一年才能返台休假一次，沒有返台休假的官士兵則輪流於周三或周六實施島上休假（上午或下午），東莒島休假的官士兵通常會到大坪村或福正村洗個舒服的熱水澡（由於連隊缺水）、吃頓便餐、看MTV或唱KTV，雖然大坪村號稱為東莒的「小上海」、「小西門町」，但畢竟休閒設施有限，加上士官兵會想家人、想女朋友，心情苦悶，難免就會喝酒，往往因醉酒而肇生的軍紀事件屢屢發生，因此，我當排長和輔導長時都會要求弟兄在休假時不要喝酒。

某休假日，官兵分梯在島休假，我適逢接任值星排長，那天上午連上休假的弟兄表現正常，但是下午休假的官兵則有二、三位違反我的要求，喝得醉醺醺，實在讓我生氣、失望。晚點名時，我除了苦口婆心，曉以大義，同時向弟兄們表示，排長領導無方，無法根絕弟兄們假日醉酒的情事，因此自罰二十個交互蹲跳，當我跳完之後，那幾個違反規定的弟兄兩眼泛淚、羞愧不已，幾個上士副排則用犀利的眼神瞪著他們，我不知道那幾位弟兄晚上有沒有被叫起來吃宵夜，不過我所待過的單位一向是嚴禁學長或幹部「晚點名、吃宵夜」。此事以後，連上再也沒有發生士官兵休假期間醉酒的情事了。

民國七十五年的東莒島發生了三件大事，讓我記憶深刻。

第一件事情發生在民國七十五年的三月中旬的某一天，下午一點半左右，我在猛澳港將參與構築工事的弟兄們分配任務之後，正專注的看著釘板模和搭鷹架的弟兄施工，因為板模或鷹架搭建的良窳對於後續的灌漿很重要，若未依施工程序處理，容易崩塌發生危險。當我全神貫注、聚精會神之際，聞到身後濃濃酒味，忽然有一名酒醉的弟兄趁我不注意之際，用左手勒著我的脖子，右手則拿著已經敲破的銳利酒瓶抵著我的頸部。當時的狀況危急，現場的空氣凝結，看到那一幕的官兵，個個驚嚇得張大了嘴，不知道該怎麼辦。我剛開始也嚇了一跳，但很快平靜心情，我以和緩的口氣詢問那位弟兄隸屬哪一個連？有什麼委屈或困難需要排長協助嗎？但是那位弟兄已經醉得連話都說不清楚，他的左手越勒越緊，右手的酒瓶也抵得越來越用力。幸好馬祖三月份的天氣還是寒冷，我當時穿著防寒大衣，由於衣領高，因此酒瓶未直接觸到頸項。我當時心想不能刺激他，但也無法做出任何反制的作為，除了安撫那位弟兄不要激動，我願意幫忙解決委屈和困難，另一方面，心裡則是切切的禱告，求上帝賜我智慧，保護我能度過危機，就這樣僵持了將近十分鐘，我瞄到三個憲兵也來到現場，年輕的憲兵沒有處理過這種狀況，一籌莫展的傻在那裡。過沒多久，又來了二位弟兄用台語勸他，我事後才知道他們原來是兵器連的弟兄，幾個人都是同梯；二位上兵苦口婆心的勸酒醉的弟兄不要胡鬧，不要為難排長，然後趁他鬆懈時立即搶下他的酒瓶，迅速化解了一場可能致命的危機。那位弟兄隨後被憲兵帶走，交由他的連長處理。一年之後，我調到該連接輔導長，那位弟兄則已經退伍了。

第二件事情發生在七月下旬。我於六月一日接任步二營步二連的連輔導長，七月中旬，步二連奉營長之命，負責步二營的新兵銜接教育，新兵隊的排長由營部連的某位排長支援。夏天的東莒島，天氣非常炎熱，加上坑道內悶熱不透氣，稍不注意，往往容易造成中暑的事件。

某日中午，新兵隊操課結束返回連隊之後，我正在清點全連的槍械時，發現有三位新兵未至餐廳用餐，並且躺臥在床上，我詢問當時的安全士官吳姓下士，新兵怎麼了？吳下士表示，三位新兵的身體不舒服，待休息過後再用餐。我當時心裡感覺不安，於是趨近床頭關心新兵的狀況，結果發現三名新兵體溫甚高且呈現昏迷狀態，我警覺到新兵可能中暑了，立刻撥電話到東莒島的醫務所，請醫務所準備重大病患的急救，同時派人將三名新兵揹到醫務所，當時的醫官陳志榮少尉正是和我一起搭艦到馬祖報到的預官。

陳醫官交代醫務士將大坪村所有的冰塊收購到醫務所，同時給三名新兵施打點滴及降溫，經過一番搶救及妥適的處理，救回三名新兵的性命。陳醫官告訴我，三名新兵已經有橫紋肌溶解症及急性腎臟衰竭的現象，如果不是我緊急將他們送醫及處置得宜，恐怕將是憾事一樁。回想這段歷史，如果三位新兵因中暑而喪命，除了營部連的排長責任重大，而我身為政戰主管，恐怕也難避免連帶的行政處分。

第三件事情發生在民國七十五年的十二月。某日下午，我在連部聽到附近空軍防砲連所屬的據點槍聲大作，過不了多久，再聽到一聲槍聲，當時心裡直覺事情不妙，晚餐時，連長沉重的說，防砲連發生重大軍紀事件，因為內部管理的問題，造成一名士兵心緒失衡，槍殺了三名同袍之後，再自我傷害未遂，人已經被送往西莒醫院急救中。事後聽陳志榮醫官談起這段處理的過程，是他終生難忘的一件事情。那位行凶的士兵雖被救回生命，但是後來被馬祖防衛司令部軍事法院判處死刑，此事件造成四個家庭永遠的傷痛。

我在軍中服務近三十一年，深刻體驗「人」是影響軍紀安全的根本，因此要杜絕軍紀安全事件的發生，必須將守法、守紀及安全觀念，深深烙印到每位官兵心中，才能有效防範軍紀安全事件的發生。

那些部隊的軍旅回憶

——藝術家醫師陳志榮少尉和小黑

許多當過兵的四、五、六年級生，尤其曾經在外島服過兵役的男人，當他們聚在一起的時候，最喜歡聊當兵的事情，聊當年在部隊裡啃饅頭、踢正步、唱軍歌、誰是最賤的班長、誰是最天兵的弟兄、靈異的廢棄碉堡、打靶挖地瓜或打錯靶位等糗事。只要聊到部隊的事，一群男人就會莫名興奮，即使同樣的內容講過無數次了，大家還是新鮮感及話題味十足，畢竟那是大家共同的記憶，無論故事情節美好或痛苦。

我退伍之後，有幾次的機會，分別和昔日步兵連、兵器連的弟兄們相聚，雖然許多弟兄退伍已經超過三十四、五年了，但是聊到當年在東莒島的大小事情，彷彿歷歷在目。

先前的文章中，提到了東莒的醫務所在民國七十五年期間曾經處理過幾件重大事件，當時醫務所唯一的醫官陳志榮少尉應該是感受最深刻者。陳少尉畢業於中國醫藥學院，他畢業時，已經先後考取了中醫師和西醫師的證照，是一位非常聰明、才華洋溢的醫官。曾經有人形容他是被醫學院耽誤的藝術家，因為他的繪畫、雕刻和攝影的才華，會讓不認識他的人誤以為他是藝術家，難以想像他是一個中、西醫師。

他的雕刻才華也展現在他的小型外科手術上，他擅長幫助士官兵「出人頭地」，由於雕工細膩、刀法俐落，因此造福了許多士官兵，我待過的步二連和兵器連就有多位弟兄受過他的照顧。

他於民國七十六年七月退伍之後，曾經在花蓮慈濟醫院服務多年，在此期間，我們曾經連絡過幾次，之後就失去了聯繫，一直到一一〇年，我終於見到這位讓我非常懷念的老朋友了。當這位老朋友在溫柔、漂亮的太太陪同下，突然出現在安得烈慈善協會的時候，真的讓我驚喜不已。三十三年不見，他的眉宇神韻依舊，眼神之間更增添智慧與才氣。

人生總是充滿許多超乎我們所能想像和掌握的狀況，依他的聰明、才氣和能力，他應該是院長級的大人物了，但是他卻甘於當一個專科醫師，不圖地位、不求財富。他服預官役時，為東莒島的部隊官兵做了許多事情，貢獻甚大，我以結交這麼一位優秀、溫暖的朋友感到榮耀。

我記得他在退伍前送我一頭黑色的狼犬小黑，那時我已經調任兵器連的輔導長。小黑經常和士官兵混在一起，弟兄們很疼愛牠，把牠照顧得不像一隻凶猛的「狼犬」了。

雖然小黑失去凶猛的狼犬本性，但是我夜間查哨的時候，除了帶二名槍兵之外，還是會帶著小黑同行，因為外島夜間查哨軍官不能使用手電筒，由於燈火管制嚴格，在島上一片漆黑的情況下，犬隻敏銳的視力和聽覺，可以幫助我們走在安全的小徑上。

坦白說，七〇年代之前的夜間查哨，心情多少會緊張，尤其是經過所謂的「陸鬼村」、裁撤的據點及「火葬場」等地方。這些地方總是充滿了令人毛骨悚然的傳說，例如荒蕪的據點，有些是整個據點的士官兵被對岸的水鬼摸掉了，或是某個士兵情緒失控槍殺了據點裡的弟兄。「陸鬼村」則被傳聞是「地道、暗道」錯綜、水鬼潛藏其間的地方。這些無由的故事，白天聽聽也就罷了，但到了夜間查哨時，心裡難免就會毛毛的了。

我輪值查哨時，都會配戴著一把四五手槍和十發子彈，二名槍兵各帶著五七步槍和十發子彈，然後從兵器連、東莒指揮部、二營營部、營部連、步三連的據點、猛澳港口，再經令人毛骨悚然的「陸鬼村」、步一連的據點、風聲怪聲四起的火葬場，再折返經過步二連，終點是步二營營部，全程下來，大概要走兩個小時。

民國七十六年十月下旬，東莒已經開始變冷了，北風呼呼的吹，風聲格外嚇人。有一天晚上我輪值全營查哨軍官，夜裡，當我帶著二名槍兵和小黑查完步三連的各據點，走到猛澳港上方的某個廢棄據點時，平時憨呆的小黑突然不走了，只聽到牠發出不安的低吼聲，我和兩個槍兵立即蹲下來，我輕輕的拔出四五手槍，心裡想，如果真有水鬼摸黑上岸，就準備大幹一場，如果沒有成仁，或許可以當個戰鬥英雄，並且返台接受表揚。不過，廢棄的據點裡沒有任何的動靜，小黑卻還是一直低吼著，彷彿看到了什麼，此時現場的空氣凝固，我們的背脊陣陣涼意。不知過了多久，小黑不叫了，繼續引導著我們前進，走到猛澳港口時，靠著海面的反光，我看到二名槍兵已是滿頭大汗，唉，到底小黑看到啥呢？

我和小黑的相處只有半年的時間，雖然牠傻憨，但是我從來不曾對牠不當管教，牠也很信任我。民國七十六年十二月十六日我奉命輪調回台灣，礙於官兵不得攜帶犬隻上船艦的規定，因此我只能將小黑交接給學弟照顧。離島的那天上午，我在東莒猛澳港準備搭乘安勝輪到南竿，再換乘海軍 AP-526 新康艦返台，在等候安勝輪時，兵器連的弟兄帶著小黑到猛澳港送我，小黑看著我猛搖尾巴，我難過得說不出話來，看著牠似乎淚眼汪汪，頗有靈性一般，我的心裡真是不捨，再三交代弟兄要好好的照顧牠。算算日子，距離當年離開東莒，轉眼已經三十五年。

民國一〇四年底，當我陪同幾位資深軍事記者返回東莒參訪時，當年服務過的步二連、兵器連等單位多處據點早已是斷垣殘壁，荒煙蔓草，一片淒涼，讓人看了不勝唏噓。

緬懷故人身影

——沈一鳴上將、于親文少將、洪鴻鈞少將

二〇二〇年一月二日，一架隸屬空軍救護隊的 UH-60M 黑鷹直升機於上午八時七分從雷達消失，當時機上乘員包含參謀總長沈一鳴上將、政治作戰局副局長于親文少將、情報次長室助理次長洪鴻鈞少將、後勤次長室次長、通資次長室次長等多位國軍將領，以及國防部參謀本部首任總士官長韓正宏士官長等十三人，他們原計畫搭機至宜蘭東澳執行春節慰勉行程，因為山區天氣驟變，雲霧濃厚，同時受移動雲層影響，飛行中瞬間進雲，飛行員不及爬高應處，致觸地墜毀於新北市烏來、宜蘭交界的烘爐地山桶後溪溪谷；機上乘員中，包含總長沈上將等八人殉職，消息傳

開，令人哀傷不已。事件發生之後，我曾前往桃園、苗栗、嘉義及台南等地區，探望殉職袍澤的眷屬，代表協會一一表達慰問與關懷。

我和故總長沈上將相識於民國九十八年八月，當時他擔任陳肇敏部長的辦公室主任，之後他接任情報次長室次長、空軍作戰指揮部指揮官、副參謀總長、常務次長、空軍司令，我們前後多年的時間在國防部共事，即使他在空軍司令部服務期間，我們仍然常常電話聯繫、討論空軍新聞議題的處理方式。他是我在國防部服務期間，感覺最沒有官架子、為人謙虛，並且深具內涵的長官之一。

他對部屬和學弟的關愛，完全發自內心，讓人感受到溫暖和力量。我還記得民國一〇二年七至八月陸軍洪仲丘案期間，由於社會上有不少的假訊息及諸多因素，導致當時國軍的形象、士氣跌到谷底，有一天，時任副參謀總長的沈中將在國防部紅樓的樓梯間看到我，特別拍拍我的肩膀，並且鼓勵我：「老弟辛苦了，發言人常常要獨自面對外界許多的壓力，要挺住，更要保重身體。」他的話雖然不多，卻溫暖了我的心，讓我至今難以忘記。

他在擔任空軍司令期間，公務繁重，有一次我為了處理空軍的新聞議題，特別打電話向他請教，我說，會不會打擾司令？他笑笑的告訴我，再怎麼忙也沒有你忙，只要有需要，任何時間都可以打電話討論。他總是如此的體貼部屬、顧念後輩。

殉職的于親文將軍是我政戰學校的同學，我就讀新聞系，他則是政治系的高材生，他在我們同學中，一向勇於任事，不汲汲營營於職位，每一個與他共事過的長官、同事，充分肯定他的人品和能力。民國一〇八年，他代理政戰局長期間，同學們都祝福他能夠真除代理的職務，並且晉升中將，雖然事與願違，他卻豁達的表示，無論在什麼位置，就應該扮演好那個位置的角色，而不是想著得到什麼樣的好處。他說，接任局長的也是同學，幫同學鋪好路是應該的。他的胸襟寬闊，從學生時代開始，在工作上總是默默付出。

于將軍和他的夫人都是心地善良、充滿愛心的人，他們從民國一〇七年起，開始捐款支持安得烈慈善協會的弱勢家庭關懷工作，他曾經告訴我，大環境不佳，社福機構募款辛苦，因此，他和太太希望長期贊助弱勢兒童的關懷，雖然個人力量有限，但希望能影響更多人支持我的志業，對於他不幸殉職，期上同學的心中充滿了不捨。

同機殉職的洪鴻鈞將軍，我和他相識於民國一〇〇年，當時我當發言人，他是部長室的陸軍連絡官，他的英語能力甚佳，常常協助外賓接待任務。初次在部長室見到頂著小平頭、兩眼有神、腰桿挺直的他，留下深刻的印象。他雖然外表嚴肅、話語不多，但有著金門子弟的熱情熱血。

我擔任發言人期間，除了每天早上參加「戰敵情會報」，每天下午四點，是我單獨向部長報告輿情處理的時間，面對心思細膩、智謀深遠的高華柱部長，我的壓力不小，每當我踏入部長辦公室時，他常常貼心的幫我準備一杯美式咖啡和一包小餅乾，讓我備感窩心與溫暖。

民國一〇五年五月，我退伍前夕，他打電話問我為何要提前退伍？我坦誠的說明小時候的貧困及感恩回饋的心願，他說，老哥，我也是金門弱勢家庭長大的孩子，我支持你！就這麼一句話，在我進入安得烈慈善協會之後，每個月都會定期收到他的捐款，他心中充滿大愛，但是個性低調，不希望我將此事告訴任何人。

他也是一個重視軍中倫理與情誼的學弟，我記得民國一〇七年應他之邀到國防管理學院演講，他因為臨時參加國防部的會議而無法親自接待，他請接待的幹部轉達他的歉意，會後，他又親自來電致歉，讓我深受感動。

「哲人日已遠，典型在夙昔！」謹以此文紀念「〇一〇二事件」中殉職的長官、同學、學弟和韓士官長。

面對死神

——三次與死亡擦身而過

回顧過去幾年來，國內外許多政商文化等領域的名人，不幸告別人生舞台，有的高壽仙去，有的則在盛年驟逝，他們的謝幕，留下成就，留下典範，留下驚訝，也留給我們許多思念。

歲月無情，世事無常。我回顧自己的軍旅生涯中，看多了生離死別的事情，我自己也曾經三次與死亡擦身而過。

第一次是在民國七十五年三月在東莒島督工時，遭醉酒的士兵以敲破的酒瓶自背後抵頸威脅，當時千鈞一髮，慶幸平安度過風險。第二次則是在民國七十七年六月下旬，我因為生了一場病，差一點丟了命。

話說民國七十六年十二月十六日，我從馬祖東莒島輪調回陸軍步兵二一〇師支援營補運連擔任輔導長，駐地在花蓮美崙。七十七年四月起，我開始咳嗽，原先以為只是單純的感冒所引發的氣管炎，但是看了不同的診所，仍然久咳不癒。是年的六月一日，我在連輔導長任期屆滿後調任師部政一科擔任政戰官，本以為卸下主管職務，壓力減少了，身體狀況可以好轉，但依然咳嗽不止。六月下旬的某日下午五點左右，我因為二、三個月未跑步運動，於是換穿運動服之後，就在美崙營區外圍跑了約三千公尺，當時邊跑邊覺得力不從心，體力衰退甚多。回到寢室後，即開始咳嗽加劇，同時大量吐血，把同寢室的學長嚇了一大跳，立即扶著我到醫務所，當時醫務所只有一名輪調部隊服務的牙科專科醫師劉上尉，他看我吐血不止，讓我坐在牙科的門診座椅上，叫我張開嘴，希望找到出血點，但是，帶著泡沫的鮮血一口接一口的從我喉嚨深處湧出，我感覺劉醫官也慌了。

由於我已經吐了不少鮮血，情況危急，立刻就被送上救護車轉送到國軍八〇五醫院急診室，到了急診室之後，面對的是醫生、護士的一連串緊急處置，除了打止血針、照X光找出血點，醫生發現我的血壓降低，還因此緊急輸血，我雖然很虛弱，但是對於整個過程還算清楚，醫生的處理讓我不免心裡擔憂。

醫生從X光片中發現我的右肺葉上端有一個傷口不小的出血點，加上我久咳不癒，因此懷疑是「肺結核」，本來當天晚上要將我先送到加護病房觀察，急診醫生和急診部的主任討論之後，決定把我轉到隔離病房。二天之後，經過痰液抹片檢查結果，證實我罹患了「肺結核」，而且感染結核菌的時間至少半年以上，研判是我在外島服務時感染。

我前後住院、休養了一個半月的時間才回到師部政一科，吃了一年的藥，才完全康復，並且不具有傳染力，和我接觸過的同事、士官兵事後檢查，幸好都沒有人被感染。

這場重病，讓我深深體會到人的脆弱，當然也造成我的肺活量受到某種程度的影響，跑步也不再像生病前一樣的勇猛了。

第三次面對死亡的威脅是在民國七十八年的四月上旬。七十七年的十二月一日，我晉升上尉，次年元月即調任二一〇師六二九旅步一營營輔導長，同時占少校缺。步一營營部和營部連的駐地在台東知本，所轄的步一、二、三連、兵器連負責台東全境的海防任務，幅員遼闊、責任重大。

每一年的三月至五月是陸軍各級部隊高裝檢查的重要時期，從營、旅、師、軍團到陸軍總部的逐級檢查，常把基層部隊的各業務士及幹部翻了好幾層皮，因應高裝檢查所衍生的人員心緒問題，也層出不窮。

七十八年四月上旬的某日上午八點許，我在辦公室裡接獲營部連安全士官的電話通報，他很驚慌的表示，有一名營區大門準備交接的衛兵突然情緒失控，正持槍與幹部對峙中，由於子彈已上膛，情況十分危急。

我詢問該名衛兵的姓名，原來該名士兵正是我前一晚約談輔導及鼓勵的弟兄，沒有想到第二天上午就發生狀況。他甫受完某項業務士的訓練，正儲備接任營部連的業務。由於當日為師部高裝檢查，大夥兒已經忙碌了好多天，然而該名弟兄所承接的業務，尚有帳料不符之情形，該名弟兄壓力極大，導致情緒和行為失控。

我當時心裡想，身為營級的政戰主管，必須親上第一線處理狀況，化解危機，避免造成人員的傷害，於是我邊禱告邊往營區大門前進。從我的辦公室到營區大門大約一百公尺，我一方面呼喊該名士兵的姓名，安撫他的情緒，一方面思考，如何有智慧的處理此棘手的問題。當我距離大門崗哨約五十公尺時，該名士兵哭哭啼啼、情緒失控地要求我不要再前進，否則他要開槍。我停止腳步幾秒之後，還是緩步向前，距離他大概三十公尺時，該名士兵喝令，如果營輔導長再前進，他就要開槍了，我看他的情緒，是有可能做出傻事，於是停在原地，和他溝通，安撫他的情緒，經過一番開導，他願意交出五七式步槍、彈匣和刺刀等武器裝備，並且隨著我回到辦公室，我當時摸摸自己的後背，內衣已經濕透了。

這位情緒失控、差點釀成大禍的弟兄，經過輔導之後，心緒恢復平靜，當然也受到必要的懲處。回憶起這段往事，我仍然心有餘悸，心想，當初怎麼會有那麼大的勇氣處理此種狀況？我想，應該是責任心吧！再者是信仰的緣故，若非有信仰，或許我沒有那麼大的勇氣和智慧來圓滿處理此事。

輯二

無負此生就是成功人生

無負此生就是成功人生

某基金會邀請我擔任專題講座講師，希望我談談人生的經歷。基於人情，我很爽快的答應，但是當我知道該系列講座探討的是「成功人生．得勝祕訣」時，我開始後悔自己答應得太快了，我反覆思考自己的人生到底是不是一個成功的人生？我有沒有資格透過自己的人生經歷，告訴聽眾什麼是成功人生？成功人生的得勝祕訣又是什麼呢？

嚴格來說，我前半段的人生是蠻辛苦的，有著許多的患難和挑戰。因為我的父親從我還沒有出生，到我三十七歲，他的人生被酒精和精神疾病牢牢綑綁，直到我三十七歲那一年，我的父親因為喝酒喝到中風了，瘋狂的日子才停止，但是照顧失能的父親，又成了我人生的另一種挑戰。

我的母親，在我四歲半到十四歲期間，因為我父親的家暴，她曾經二次離家出走，我有將近九年的時間沒有母親的陪伴，我曾經因此被送進孤兒院，也曾經住過寄養家庭。十八歲之前，我因為家境貧窮，常常餓肚子；二十四歲之前，我因為父親的緣故，是一個活得沒有自信的人，幾乎是茫茫然、渾渾噩噩的過日子。

二十四歲那一年，我官拜中尉，在馬祖防衛司令部的東莒指揮部服務，當時的工作表現平平，日子得過且過。當我第一次返回台灣休假，鄰居告訴我，我的父親天天像瘋了一般，我的母親天天被罵被打，派出所的警察也告訴我，常常接獲報案來處理我父親的事情，建議我帶父親去看病，於是在一名警員的陪同下，我把父親送進高雄凱旋醫院門診，醫生評估後，當天即安排住院治療，辦完住院手續，就在療養院隔離鐵門關閉的那一刻，我的父親在鐵門的那一端哭鬧叫囂，而我在鐵門外為父親的狀況而淚崩。

送完父親就醫的第三天，我從台灣回到馬祖之後，心裡對父親雖有許多的不諒解，但更多的是掛念父親的身體，可是我遠在馬祖服務，實在做不了什麼事情。

在軍中服務時，因為怕丟臉，從不向任何人提及我的家庭狀況，所以沒有一個長官知道我的原生家庭有那麼多問題。那次回到馬祖，我依舊不提我父親的事情，但是，我每天都是心情低沉、悶悶不樂，對任何人都是冷漠的表情。直到有一天，營長的一番話點醒了我，我告訴自己，不能再受到我父親的綑綁和影響，我必須要奮發振作，才可能翻轉人生，人生才能過得有意義。

人的心態改變了，整個人生也會改變，我在工作上開始獲得長官的肯定。民國七十七年十二月一日，我二十六歲晉升上尉，次月即占少校缺，八十六年元旦，我三十四歲晉升中校，那一年，中視新聞部一位鄭姓知名導播希望我提前退伍到中視服務，他希望培養我當新聞主播，但是我覺得自己不是那塊料，個性也不適合，所以婉謝了。一〇〇年六月二十六日，四十八歲我晉升少將，一〇五年五月十五日，五十三歲那一年，我堅決提前退伍，婉謝所有的工作安排和邀請，並且獻身慈善工作。

我的個性低調，不喜歡出鋒頭，我甚至曾經是一個講話會緊張的人，上帝卻讓我這樣的人接任國防部發言人，一接就是五年三個月，並且歷任過四位部長，如果不是當年堅持退伍，我很可能會歷任五位部長。我常常回想過往的人生，如果我的態度沒有改變，我應該會是一個在別人眼中不爭氣的人。

我來到安得烈慈善協會服務的時候，當時的安得烈是一個資淺的社福機構，而我是慈善界、社福界的新兵、菜鳥、門外漢，在我進入安得烈之前，我告訴自己，演什麼角色就要像什麼樣子，我要努力讓安得烈成為優質的社福機構，所以，我白天探望案家，晚上則在認真思考安得烈的發展，外加募款的壓力，日子過得非常的辛苦，如今，安得烈已經成為一個值得大家信任的慈善機構。

我的人生算是成功人生嗎？如果問我答案，我覺得自己仍然不算是一個成功的人，但或許對許多人來講，覺得我的人生是成功的吧，所以才會邀請我分享「成功人生和得勝祕訣」。

二〇一八年第三十七屆香港電影金像獎頒獎典禮，八十四歲的知名導演楚原獲頒終身成就獎。楚原一九五六年入行，曾經導演七十多部粵語電影，但當古龍小說電影沒落之後，為了生活，他甘於從知名導演成為一名普通的配角演員。

他說，當年他執導的電影破了香港的賣座紀錄，老闆立刻和他簽新合約，並且加薪十倍，當時每個人都說他是香港最幸福的導演。十幾年後，他的戲不賣錢了，有機會拍戲，他也會努力爭取，但誰知在開鏡前一天，公司的負責人竟然出來撕通告，說誰讓你拍《天龍八部》的？虧了本你賠得起嗎？還說，楚原，你根本不懂電影藝術，你根本不懂拍電影。那時人人都說，他是邵氏公司最難堪的導演。

楚原說，人生這兩個字，就是歡聲和淚影四個字砌成的。任何人無論昨日你多麼風光，也無論昨日你多麼失意，明天天亮時一樣要起身做回一個人，繼續生活下去。因為明天總會比昨天好，這就是人生。

楚原寄語年輕人，要勵志、無愧人生。他說，如果像他一樣，老到沒得撈了，那麼年輕時就要好好存錢，等到老年，像他一樣，連終身成就獎都拿到了，那就應該「管他天下千萬事，閒來輕笑兩三聲」。當回首往事時，不因碌碌無能而悔恨，不為虛度年華而羞恥，那就可以好驕傲地對自己說，無負此生了。

無負此生就是成功人生。我國參加奧運舉重的金牌國手郭婞淳在成功成名之前，經歷許多的挫敗及身體的受傷，在漫長的治療過程中，她始終堅持努力不懈，她知道自己選擇的路，自己一定要堅持走下去。她說過一句名言：老天爺要你多成功，就會給你多少挫折與磨練。這句話感動了許多人，也鼓勵了許多人。

人生就是這樣，生來富貴、終生富貴的人畢竟不多，許多人都是水裡來、火裡去，經歷過苦難、挑戰和挫折，最終才能開花結果。

領導統御的素養與特質

某個周末上午接到阿誠的電話，問我星期日下午有沒有空？他想找我聊一聊。我問他怎麼了？他說，最近在人際關係和工作上碰到了一些問題，想要聽聽我的看法。我認識他快二十年了，了解他的個性，他除非到自己撐不下去了，否則不會主動尋求旁人的協助，所以立即答應了他。

阿誠是一個心地善良、溫和，但是個性固執的年輕人，我從他小學的時候就看著他長大，一路看著他讀完大學、當兵、工作。他在民間企業待了三年多之後，有一天告訴我，他考上志願役專業預備軍官班，即將去受訓了。我問他，怎麼會突然做此決定？有沒有審慎的思考過呢？以我對他個性的了解，他當志願役軍人可能會有點辛苦。阿誠表示，自己在大學所讀的科系，很難在民間企業有所發揮，更何況軍人的工作穩定，待遇也比中小企業好一些，再者，他的父母親年紀大了，因此他決定報考志願役軍官，或許未來可以走出一條成功的路。面對意志堅定、信心滿滿的阿誠，我當時給予最大的祝福。

周日下午見面的時候，阿誠的臉上充滿了沮喪和無力感，聽他娓娓道來一年多來在軍中的大小事情，以及所經歷到的挫折、困難，心裡雖然為他感到不捨，但也覺得經歷逆境的洗禮之後，或許對他未來的人生會有所幫助。

阿誠考上志願役專業預備軍官班之後，先到南部的某兵科學校接受為期一年的基礎教育，他形容那一年，日子過得還算好，沒有他想像中的沉重壓力。結訓之後，他隨即分發到某單位擔任少尉排長，並且兼任營部的業務。連長顧念他是初任官，因此給他一個月的見習時間，一個月之後，他開始接任連上的值星官，可是當他背上值星帶之後，竟然腦袋一片空白，不知道該怎麼指揮部隊，在兵科學校受訓時，學校也沒有教過如何擔任值星排長。於是，他天天被長官責罵，連上資淺的士兵不理他、資深的士兵管不動，士官則在旁冷眼旁觀，等著看他鬧笑話。

我聽完他的敘述，再加上對他個性的了解，大概知道問題所在。我安慰他，我在軍校四年三個月，初下部隊當排長時，也曾經幹過一些糗事，而他才接受了一年的基礎教育，所以，不了解部隊的實務工作是可以理解的，但是，也不能因此而合理化自己的行為。我勉勵他，優秀的領導幹部一定要強化自己的「本職學能」，唯有具備良好的能力及素養，才能使下屬「信服」，使長官「信任」。領導幹部的「本職學能」包括個人儀態、學能素養、工作的執行能力等等。

我特別強調，在任何行業，沒有人什麼都懂；稱職的領導幹部要「肯學、肯做」。肯學是指隨時充實自己的專業能力，包括了解業務工作；肯做是指「以身作則、身先士卒」，願意成為部屬的標竿典範，領導幹部不能僅憑一張嘴帶部屬。我鼓勵他，對於不懂的事情，要認真學，做不好的事情，要努力學，仍然做不好的事情，要加倍學，即使犧牲休息時間，也要讓自己盡快進入狀況。

我同時分享自己擔任值星排長的經驗，提醒他值星期間，對於部隊的人、事、物，都應該充分掌握。前一天晚上即妥善規畫次日的工作，並且養成回報的習慣，讓長官隨時可以掌握任務執行的進度。

我也鼓勵他，要在部隊中過得輕鬆自信，一定要讓自己成為部隊的「加分者」，而非「扣分者」；優秀的幹部要能提升組織的「績效」，而非拖垮組織的「形象」；要成為可以解決問題的人，而非製造問題的人。

我特別和他分享一部二十年前由美國影星梅爾．吉勃遜（Mel Gibson）主演的電影《勇士們》（*We Were Soldiers*）。這部影片，我看過至少三次，許多的劇情內容可以讓國軍幹部學習領導統御的心法。影片中由梅爾．吉勃遜扮演的指揮官哈爾．穆爾中校告訴他的部屬：「我會第一個踏上戰場也會最後一個離開，不論是死是活，我們都要一起回家。」後來他真的是第一個下直升機、踏上戰場，戰爭結束後，他一一清點所有死傷的士兵，讓直升機先載他們回去，自己最後才上機。當士兵面對戰爭而心生恐懼時，他帶領士兵禱告，安撫他們的心，而非苛責部屬的軟弱。

這場戰爭中，北越部隊跟美軍部隊的作戰距離很近，當時一位負責連絡空中火力支援的通信士官因為將北越部隊的座標位置通報錯誤，造成美軍戰機所投擲的燃燒彈偏向美軍陣地，所以不少的美國士兵活活被燒死，這位下錯座標的士官當時很慌張、錯愕，但是哈爾．穆爾中校跟他說：「忘了這錯誤，你做得很好！繼續下指令！」

我告訴阿誠，優秀的領導者，要懂得撫慰兵心，並且信守承諾，在必要時給予不小心犯錯的部屬鼓勵，可以增加他們的信心，減少後續犯錯的機率。我鼓勵他：「你還年輕，只要肯學、願意努力，一定可以改變眼前不如意的狀況。」阿誠很感謝我願意花時間聽他訴苦，並且教導他如何帶領部屬，他說，回部隊後一定會用心學習、努力工作，讓大家刮目相看。

兩個多星期後，我收到了阿誠的 LINE，他在訊息中說：「羅伯伯，謝謝您的教導和經驗分享，我的工作狀況漸漸改善了，雖然還有努力的空間，但是連長肯定我的進步，幾位資深的士官也開始會提醒我一些事情，我會繼續努力，不辜負您的期待。」

一碗麵的故事

二〇二二年農曆春節期間最溫暖人心的新聞，無疑是十六年前「一碗麵」的故事續集。當魏家五個孩子的工作和家庭現況被多家媒體報導之後，許多人為他們感到高興，當年接受幫助的五個孩子在各自的工作崗位上努力，從訪問中可以看得出來，他們遠比同年齡的孩子多了幾分不畏困難的自信和勇氣。

「一碗麵」的故事發生於二〇〇六年的南投竹山鎮，當年魏家五個孩子的母親吳惠萍女士因為子宮頸癌末期住在安寧病房，全家人都在醫院陪伴母親，讓吳女士每分每秒都不覺得孤單。有一天中午，醫院的社工師帶著老二魏雪婷等三個飢腸轆轆的姊弟去吃麵，沒想到魏雪婷看了看掛在牆上的菜單許久，隨後輕聲地說：「阿姨，我們只要一碗陽春麵就好。」社工師說，你們可以一人點一碗，小姊姊竟說：「爸媽也沒吃，可不可以把那兩碗帶回去給他們吃？」

當初那一碗平凡的「陽春麵」，對魏家兄妹來講格外珍貴無比，當他們一家困苦的生活及孩子的孝順貼心被公開後，感動了整個社會，許多民眾紛紛捐款，希望盡自己的棉薄之力幫助五個孩子。

二〇一四年及二〇一六年，老大魏冠宇和老二魏雪婷先後自高中畢業後，他們分別報考志願役士兵，從軍報國，兄妹倆從二等兵當起，一步一腳印地往上爬，那是他們回報社會的方式。

魏冠宇在二〇一八年退伍後，回到南投老家，和爸爸一起務農、種竹筍。魏雪婷從軍二年後，重新思考人生方向，決定提前退伍，並且投入長照服務，她考取證照後，任職於一間護理之家，專業盡職的工作表現深獲單位的肯定。

網路上也有一則流傳多年的日本版一碗湯麵的故事：

在日本札幌「北海亭」的麵館裡，貧困的母子三人只有能力合點一碗湯麵，好心的老闆顧及他們的自尊而偷偷地在碗裡多加了半糰麵，十五年後他們向老闆夫婦道謝，感謝老闆夫婦給他們的溫暖，讓他們有了好好活下去的勇氣。

故事中指出，除夕夜吃蕎麥麵是日本人過年的傳統習俗，因此到了這天，麵館的生意特別好，但到了晚上十點以後幾乎就沒有客人了，因為大家都已回家準備過年。

那一年除夕夜裡，當「北海亭」麵館老闆準備熄燈打烊時，一個女人帶著兩個小男孩走進來，輕聲喊著：「一碗湯麵！」

老闆看看母子三人，也沒多問什麼，煮麵時多丟了半糰麵，煮了滿滿一大碗，老闆娘和客人都不知道老闆多煮了半糰麵。母子三人吃完麵後同聲誇讚：「真好吃！」並且向老闆及老闆娘深深鞠躬致謝，當他們走出麵館時，老闆和老闆娘則向他們說：「謝謝你們！祝福新年快樂！」第二年的除夕夜，他們又是最後的三位客人，老闆娘問丈夫：「煮三碗給他們吃好不好？」丈夫回稱：「不行，這樣做，他們會不好意思的。」隨即多丟進半糰麵條到滾燙的鍋子裡。

第三年的除夕夜，這三人又出現，這一次，他們點了兩碗湯麵，老闆丟三糰麵進去，後來這三人就沒有再出現。老闆娘特別將三人原來所坐的位置保留起來，後來成了麵館裡「幸福的桌子」。

直到十二年後，兩個青年穿著筆挺的西裝與一名穿著和服的婦人走進麵館，婦人慢慢的說：「麻煩……麻煩……湯麵……」老闆娘才發現眼前的三人就是十五年前合叫一碗湯麵的母子，不過這次三人終於點了三碗湯麵。

他們向老闆夫婦道謝，並表示：「我們母子三人曾在十多年前的除夕夜叫了一碗湯麵，受到那一碗湯麵的鼓勵，才能堅強的活下去。」並敘述了十多年來的奮鬥過程，老闆夫婦充滿感動，眼眶裡溢滿淚水。*

我們從現實的眼光來看，麵店老闆所付出的並不多，前後也不過是兩個麵團而已，但是，憨厚、善良、古道熱腸，幾聲誠懇帶有勉勵、祝福之意的「謝謝，祝福新年快樂」，卻能幫助正在遭逢殘酷現實逼迫，並且陷入困境的母子三人增添面對困境的勇氣，進而走過那艱難的日子。他們的善行也獲得祝福，麵館的生意越來越興旺。

我所關懷幫助的個案中，也有好幾個類似一碗麵故事的家庭。無論是台灣或日本的一碗麵故事，它給我們一個啟示，那就是不要忽視自己對這個社會的影響力，無論什麼時候都要心存善念，也許我們發自內心的真誠關懷和幫助，表面看起來微不足道，但卻能給別人帶來無限的光明和溫暖。

我的人生經歷告訴我，人要成功一定要學會做人處事的道理，並且心存善念幫助別人，熱切希望朋友們都願意奉獻自己久藏的愛心，並且點亮它吧！即使那只是一點點的亮光而已，但在暗夜裡，卻是真真實實的溫暖、光明和指引。

＊ 參考引自徐夏蓮〈日本版／母子合叫1碗　老闆偷偷加麵〉，《自由時報》，https://news.ltn.com.tw/news/society/paper/60855，二〇二二年十一月二十二日有效瀏覽。

什麼是真正的「幸福」？

過去幾年來，我多次應邀到一些高中、大學或社區大學擔任專題演講，邀請單位所訂的題目大多和「分享、幸福」有關，我想，這大概和我傻傻地做弱勢工作，以及我常常流露著「幸福、快樂」的心情有關吧。

演講中，我喜歡先問聽講者對於「幸福」的看法，有趣的是，不同的年齡、性別和工作背景，對於幸福的定義各有不同，例如，大多數的年輕人認為，幸福是成為有錢或有地位或有名氣的人等，大多數的女性或年長者認為，幸福是擁有健康的身體、美滿的家庭、相契的朋友、快樂的工作等，財富、名氣和地位的排序往往在後面了。演講中，我常引用美國哥倫比亞大學哲學系霍華德·金森（Howard

Dickinson）博士的畢業論文研究結論。

一九八八年四月，二十四歲的霍華德．金森博士以「人的幸福感取決於什麼？」作為他的論文研究主題。

為了完成這一項研究，他向市民隨機作了一萬份問卷。問卷中有詳細的個人資料登記，還有五個選項：

A. 非常幸福
B. 幸福
C. 一般
D. 痛苦
E. 非常痛苦

歷時兩個多月，他最終收回了五千二百餘張有效問卷。經過統計，僅僅只有一百二十一人認為自己（非常）幸福。

接下來，霍華德．金森博士對這一百二十一人再做了詳細的研究分析。

他發現，這一百二十一人當中有五十人，是這座城市的成功人士，他們的幸福感主要來自於事業的成功。

而另外的七十一人，有的是普通的家庭主婦，有的是賣菜的農民，有的是公司裡的小職員，還有的甚至是領取救濟金的流浪漢。這些職業平凡、生涯黯淡的人，為什麼也會擁有如此高的幸福感呢？

通過與這些人的多次接觸交流，霍華德．金森發現，這些人雖然職業多樣、性格迥然，但是有一點他們是相同的。

那就是他們都對物質沒有太多的要求！

他們平淡自守、安貧樂道，他們很能享受柴米油鹽的尋常生活。

這樣的調查結果讓霍華德．金森博士很受啟發。

於是，他得出了這樣的論文總結：這個世界上有兩種人最幸福。一種是淡泊、寧靜的平凡人，一種是功成名就的傑出者。

霍華德．金森博士認為，如果你是平凡人，你可以通過修煉內心，減少欲望來獲得幸福。如果你是傑出者，你可以通過進取、拚搏，獲得事業的成功，進而獲得更高層次的幸福。

他的指導教授看了他的論文後，十分欣賞，給了他很好的成績！畢業後，霍華德．金森留校任教。一晃眼，二十多年過去了。霍華德．金森也由當年的意氣青年成長為美國知名終身教授。

有一天，他心裡產生一個觸動，他想要了解二十多年之後，當年的受測者對於幸福的定義有沒有改變，於是他把那一百二十一人的聯繫方式又找了出來，花費了三個月的時間，對他們又進行了一次問卷調查。

調查結果回來了。當年那七十一名平凡者，除了兩人去世以外，共收回六十九份問卷。這些年來，這六十九人的生活發生了許多變化。他們有的已經躋身成功人士的行列；有的一直過著平凡的日子；也有的由於疾病和意外，生活十分拮据。但是他們的選項都沒有改變，仍然覺得自己「非常幸福」，而那五十名成功者的選項，卻發生了巨大的變化。

五十人當中，僅有九人的事業一帆風順，仍然堅持當年的選擇「非常幸福」，二十三人選擇了「一般」，有十六人因為事業受挫、或破產、或降職，選擇了「痛苦」，另有兩人選擇了「非常痛苦」。看著這樣的調查結果，霍華德．金森博士陷入了深思。

一連數日，他都沉浸在自己的思緒當中。兩周後，霍華德．金森博士以〈幸福的密碼〉為題在《華盛頓郵報》上發表了一篇論文。

論文中，霍華德．金森詳細敘述了這兩次問卷調查的過程與結果。

論文結尾，他總結說：所有靠外在、物質所支撐的幸福感，都不能持久，都會隨著物質的離去而離去。只有心靈的淡定、寧靜，繼而產生的身心愉悅，才是幸福的真正源泉。*

這篇文章，引起了廣泛的關注。無數讀者讀了這篇論文之後，都紛紛驚呼：霍華德．金森破譯了「幸福的密碼」！

我一直認為，分享幸福是一把開啟快樂的鑰匙，分享幸福也是種下幸福快樂的種子，分享幸福是助人更是助己；一個人若能無私奉獻、樂於分享，一定可以為自己帶來更多的幸福與快樂！

* 參考引自〈幸福的密碼：人的幸福感取決於什麼？〉，https://cofacts.tw/article/3l485l9wx6l96，二〇二二年十一月二十二日有效瀏覽。

從挫折和失敗中看見希望

曾經應邀到某企業演講，因為這一家企業的加盟店店長大多是年輕人，因此企業老闆請我分享自己如何面對人生中的挑戰，如何從逆境中突破困難、如何力爭上游。為了這場心靈講座，我花了不少的時間準備，希望我的人生經歷能對這些正在職場上努力的年輕人有所幫助。

我回顧自己的人生，在不同的階段總有不同的挑戰，有貧窮飢餓的挑戰，有父親酗酒和精神疾病的挑戰、有茫茫然不知人生方向的挑戰，也有工作上的挑戰等。人生的挑戰本來就不少，每個人的人生，都難免會遇到困境，或是通常遇到逆境、患難，甚至生離死別的事情，我們很容易因此而沮喪，甚至鑽破腦袋也想不明白，為何這種事會發生在我身上？

事實上，人生的困境、生命中的艱難挫折、悲傷痛苦，沒有人享有免疫的特權，既然無人可以避免，那麼，當困境來敲門的時候，我們應該如何應對呢？首先，心態很重要。我們可以有兩種選擇，第一種：認定自己是受害者，覺得天下人都對不起我，把責任推給別人。推卸責任很簡單，但我們的人生可能從此就停擺了，生命不會再有成長空間。

遇到困境，如果我們不肯面對，只想逃避問題，推卸責任，不斷的怨天尤人，責怪環境，責怪別人，最後，就會把寶貴的人生都浪費在抱怨上，因為困境就好像一座堅固的監牢，把我們牢牢地關在裡面了，這種受害者的心態，不想為自己人生負責任的消極心態，讓我們永遠走不出困境。

遇到困境的另外一種選擇，就是用積極、樂觀的態度來面對。我曾經聽一位牧師分享一則故事，他說，有一位單親媽媽，很辛苦的工作存錢，為了要栽培唯一的女兒出國念書，想不到被她所信任的朋友倒會，女兒要出國念書的經費全沒了。這位媽媽非常憂愁，每天唉聲嘆氣，覺得自己怎麼這麼倒楣，這麼愚蠢。對女兒感到非常愧疚，煩惱到吃不下睡不著。這女兒很貼心，很孝順，她對媽媽說：「錢沒有了，再賺就好；如果妳因為這些失去的錢而生病了，反而讓我更擔心。為什麼要失去錢又失去妳的健康呢？」這位媽媽醒悟過來，打起精神來，繼續努力工作。後來，她女兒去到美國短暫留學，回國時也帶回一個很好的老公。牧師認為，如果事實已經不可能改變，做好善後工作，將會是最好的選擇。

J．K．羅琳（J. K. Rowling）是英國小說家、電影編劇及製片人，她的《哈利波特》（*Harry Potter*）暢銷全球，熱賣超過四億本，是史上最暢銷的書籍之一；同名改編的電影也是電影史上票房收入最高的電影之一。

羅琳曾經經歷婚姻破裂、失業，成為單親媽媽，她形容自己是最大的失敗者，然而最終她從失敗中走出來，並且在短短五年內從貧窮的單親媽媽轉變成富有的暢銷作家。事實上，羅琳創作《哈利波特》頭兩本作品時，還在領社會福利補助。

人生要從挫折、失敗中看見未來，羅琳就是失敗到最後一無所有的時候，才把自己的夢想拿出來實現。挫折、失敗其實是「轉折」，轉折還是握在我們的手裡，我們不要怨別人，也不可以怨環境，所有的關鍵都在於我們自己，只要我們敢實現自己的夢想，世界就會不一樣，世界就會因此而改變。

經歷挫折、失敗和患難將讓我們更加明智和堅強，也意味我們以後擁有生存的能力，若非經過逆境的考驗，我們無法真正了解自己的能力，也無法了解我們與人的關係程度。

那一場演講，獲得許多聽講者正面的回饋，有人認為，成功人士的背後都有一些心酸血淚跟酸甜苦辣，這些都是讓人有所啟發及省思。也有人認為，學習到在人生的每個過程中，都要心懷感恩，並且要有自信去努力每一個目標，儘管人生過程中會遇到很多挫折。令我印象深刻的還有其中一位店長的分享，她說：「面對困境時轉變心態真的很重要，如果沒有轉變自己的想法，將會讓自己陷在那個難關裡出不來，還有不自信也會讓自己離成功越來越遠，自己的不自信影響到離成功的距離，在聽完執行長的分享之後，更應該學習發掘自己的強項，並且在自己的生活圈和工作圈中發光發熱。」

人往往可以從挫折和失敗之中看見希望，所以，不要害怕挫折、困難或失敗，勇敢的面對它、處理它、解決它，我們與成功的距離必定越來越近。

成功者選擇了「方法」，失敗者選擇了「藉口」

我三十一、二歲的時候，曾經在陸軍總部政戰部第一處服務一年半的時間，那時我才晉升少校沒有多久，因為有碩士的學歷，於是長官指示我負責「大綜合業務」，承接這項業務者，要負責彙整、撰擬政戰部每周、每月在總部重要會議中的提報資料，長官很重視，業務很繁重，因此常常需要熬夜加班。

因為這項職務要負責整個政戰部九個單位的業務協調與資料綜整，通常是由資深的中校或上校擔任「大綜合業務」的承辦人。我初接這項職務時，由於資歷淺，因此在協調各處提供資料的事情上，碰到過不少的挫折。

有一天中午，因為政戰部主任陳中將次日上午要出席總司令李上將主持的一項重要會議，而我的資料仍未能完成彙呈，處長張將軍問我什麼原因，我以為抓到了訴苦的機會，於是把我在業務協調上所碰到的困難一一說明，沒想到，不但沒有得到處長的同情，反而被嚴厲的訓斥一頓。處長說：「你的工作就是要如期如質的完成任務，你應該想辦法解決困難才對，你講那麼多理由幹嘛？」

被處長責備，雖然令我感到難堪、難過，但是處長的話猶如當頭棒喝，讓我立即醒悟過來，的確，我講那麼多理由有何意義呢？問題依舊存在；即使年資淺，難免碰到困難，但若能一一克服問題，不也代表我有著超乎同年齡層的能力嗎？我應該努力超越局限才對。

民國八十四年十月，我在陸軍總部服務屆滿一年半之後，即被當時的國防部發言人孔繁定將軍徵調到總政戰部新聞處服務，初到新聞處時，我依然是處裡最年輕的少校軍官，因為承辦許多過去未曾接觸過的業務，過程中難免還是會有「撞牆」或碰到困難的時候，但是經過陸軍總部的參謀歷練之後，我常常提醒自己要想辦法克服問題、突破困難，當這條路走不通的時候，總有別條路可以走。

民國八十五年的某日下午，孔將軍找我進他的辦公室，指示我規畫辦理國防部每周二的「例行記者會」。對國防部而言，這是一項有意義的創舉，讓國軍更透明、更開放、更貼近民意，但對孔將軍和承辦人而言，這也是一項艱難的挑戰。

因為當時許多的狀況處理或業務協調，往往可能涉及到部本部、參謀本部、總政戰部等二十多個單位，對於年資淺的我而言，協調、聯繫過程中所要面對的挑戰和壓力更勝於在陸軍總部的服務，但是我願意面對挑戰、克服困難，不會再為問題找盡理由逃避。當然，遇到一位好長官也很重要，他信任你、支持你、鼓勵你，甚至用嚴厲的方式要求你，都是在幫助你成長，我很慶幸在陸軍總部、國防部服務時都會遇到一些好長官、好學長的教導和幫助，讓我的生命更加成熟、成長。

猶記得我在參加軍校入伍訓練及進入軍校一年級時，入伍生團的班長及軍校二年級的學長曾經告訴我們，入伍生或是一年級生只有三句話，那就是「是、不是、沒有理由！」這句話猶如美國西點軍校「四個標準」答案：Yes, Sir!（報告長官，是）；No, Sir!（報告長官，不是）；No excuse, Sir!（報告長官，沒有藉口）；I don't know, Sir!（報告長官，我不知道）。那四句話是西點軍校悠久的傳統，也就是新生遇到學長或軍官問話時，只能有以上四種答案。如果選定其中任何一種，就要對此回答承擔責任，除了做出一種答案之外，別的話都不要再多說了。

美國成功學家格蘭特曾經說過這樣一段話：「如果你有自己繫鞋帶的能力，你就有上天摘星的機會。」無論是我國軍校入伍教育的三點要求或是美國西點軍校的四項標準答案，或許在一般人的眼中看似違反人性，但是它教導我們，積極的心態和良好的素質往往較容易得到成功。有道是：「成功者千方百計，失敗者千難萬難。」

美國作家理查．泰勒（Richard Thaler）在《沒有藉口》（*No Excuse*）乙書中曾經說過：「你若不想做，會找到一個藉口；你若想做，會找到一個方法。」這句話可謂道出了成功者之所以成功，失敗者之所以失敗的主要原因。

在《西點軍校：給青年的16個忠告》乙書中提到了ＮＢＡ傑出球員傑森．吉德（Jason Kidd）談到自己成功的歷程，他說：「小時候，父母常常帶我去打保齡球，我打得不好，總是找藉口解釋自己為什麼打不好，而不是去找原因。父親就對我說：『別再找藉口了，這不是理由，你保齡球打得不好是因為你不練習。』他說得對，現在我一發現自己的缺點便努力改正，絕不找藉口搪塞。」紐澤西籃網隊每次練完球，許多人總會看到有個球員在球場內奔跑練習不輟一小時，一再練習投籃，那就是傑森．吉德，因為他是一個不為自己尋找理由的人。＊

人人都渴望自己是一個成功者，而不是一個失敗者，偏偏許多人成功的機會似乎不多；事實上，每個人的身上都存在著成功的可能性，只是，成功的路上出現了兩條岔道：一條寫著「藉口」，一條寫著「方法」。成功的人都選擇了「方法」，碰到困難時，找方法解決一切的挑戰，而失敗者都選擇了「藉口」，用藉口成為敷衍別人、原諒自己的擋箭牌，因此，這世上才會有成功者與失敗者的區分。

＊　楊樂，《西點軍校：給青年的16個忠告》（新版），海鴿文化，二〇一五年。

學會寬恕

在陸軍總部服務的時候，我喜歡午餐過後，利用午休的時間繞著偌大的大漢營區散步，一方面是運動健身，二方面也是舒緩工作上的緊張與壓力。

有一天中午，我繞到停車場附近時，心裡突然有個聲音似乎在叮囑著我：「去看看車子吧！」於是我就走到自己的車輛停放的地方，一看到我的車子，天啊！簡直不敢相信自己的眼睛，整輛車被刮得慘不忍睹，引擎蓋和後行李箱蓋上還各被寫上「王〇」二個大字。我當時內心很氣憤與難過，認為自己向來與人為善，對人和氣，怎麼會遭到如此的對待呢？到底是什麼人與我有著深仇大恨？我實在百思不得其解。

帶著低落難過的心情回到辦公室，心裡想著後續要如何處理被刮花的車子，雖然那一輛車只是國產的中古車，但是全車烤漆，至少還是得花掉一萬多元，偏偏那時候我父親的身心狀況越來越糟糕，他每個月的醫療及看護費用幾乎用掉我當月份的薪水，所以，我實在沒有經濟能力將車子送去車廠重新烤漆。

那段時間，只要開著「斑馬．烏龜」車上下班，都會引來許多人好奇的眼光，每次進出營區門口，也總覺得憲兵在竊竊私語，我心裡實在是難過不好受，但也只能忍耐了。

陸軍總部的停車場除了上下班的時間人潮較多之外，其他的時間，少有人會到停車場，所以我找不到目擊者，而當時的停車場也沒有裝設監視器，當然也就無法掌握到任何的蛛絲馬跡了。直到有一天，我在無意間聽到一位同事和一位駕駛兵的對話，我才知道，原來是這位同事教唆駕駛兵去刮車子，而刮車的原因是因為他在稍早前找我借錢，我因為要照顧父母親，身上實在沒有錢可以借他，所以婉拒了，他覺得沒有面子，因此懷恨在心，找了駕駛兵去刮車子，駕駛兵也不曉得那輛車是我的車子，也因此才讓我得以從他們的對話中掌握到整件事情的來龍去脈。

人生真的是充滿了太多的「巧合」！

在不知道是誰刮我的車子之前，心裡雖然氣，但是沒有怨恨的對象，一旦知道是誰幹的事情，雖然缺乏直接證據，心裡難免充滿了怨恨，這一怨，竟然怨恨了好多年，直到有一天我在網路上看到一篇故事，題目叫作「怨恨是一袋死老鼠」。內文提到：

世界著名的文學家和思想家盧梭（Jean-Jacques Rousseau）在二十二歲那年，舉行訂婚宴。不料，他的未婚妻在婚宴上，卻牽著另一個男人的手，對他說：「對不起，我愛上別人了。」當時呆若木雞的盧梭，在眾親戚朋友詫異的目光中簡直無地自容，因為那真是莫大的羞辱啊！

經過良久的思索後，盧梭決定離開這個讓他傷心的家鄉，開始了流浪生涯，從瑞士到德國，再到法國……他發誓將來一定要風風光光地重返故地，找回自己丟失的尊嚴。

三十年後，盧梭回來了，雖然兩鬢斑白，但他已經是當時著名的文學家和思想家。

有位老朋友問他：「你還記得妳的未婚妻嗎？」

「當然記得，她差一點做了我的新娘。」盧梭微笑著回答，一臉的輕鬆。

老朋友說：「這些年來，她一直生活在貧困潦倒之中，靠著親戚的救濟艱難度日。我相信是上帝懲罰了她！」

盧梭：「我很難過這樣的狀況，上帝不應該懲罰她。我這裡有一些錢，請你轉交給她，不要告訴她是我給的，以免讓她認為我是在羞辱她而拒絕接受。」

老朋友訝異的問道：「你真的對她沒有絲毫怨恨嗎？當年，她可是讓你丟盡了臉啊！」

盧梭說：「如果我提著一袋死老鼠去見你，那一路上聞著臭味的不是你，而是我，是不是呢？」

接著，盧梭望著遠方，若有所思地說：「怨恨是一袋死老鼠，最好把它丟得遠遠的。如果我怨恨她，那這些年我豈不是一直生活在怨恨之中，得不到快樂？」

盧梭從口袋裡拿出錢遞給朋友說：「希望這些錢能幫助她擺脫困境，生活得好一點。」*

看完這一段網路故事，我想到《聖經》裡也提到有關饒恕的問題。有一天，門徒彼得進前來，對耶穌說：「主啊，我弟兄得罪我，我當饒恕他幾次呢？到七次可以嗎？」耶穌說：「我對你說：不是到七次，乃是到七十個七次。」這段經文給了我們一個概念，就是學會饒恕，做到對人的饒恕沒有條件，沒有次數限制，而且是本著原諒寬容他人這樣的一個心態去做。耶穌也曾經說過：「你們饒恕人的過犯，你們的天父也必饒恕你們的過犯。你們不饒恕人的過犯，你們的天父也必不饒恕你們的過犯。」

怨恨把我們的生活變成了地獄。

當我們憤恨、氣憤某人的時候，其實是在怨恨自己，因為在我們怨恨別人之前，我們必須先在內心製造恨的毒素。所以，在我怨恨別人之前，其實你已經先傷害自己了。緊抓住怨恨不放，就像是把自己置身在發臭的垃圾堆裡，心裡卻想要薰死別人，這不是很愚蠢嗎？

怨恨是一袋死老鼠！面對怨恨，我們唯有理智的坦然相對，寬容一笑，才能找到快樂的源泉，開懷豁達快樂的人生。千萬不要愚蠢的拎著一袋死老鼠不丟不放！

所以，我不再怨恨那位教唆刮車的學長了，我相信，他當年若知道我沒錢借他，他不會向我借錢；他若知道我家庭的苦況，他更不會忍心刮我的車。

＊　參考引自〈未婚妻 愛上別人〉，https://cofacts.tw/article/5489369648828-rumor，二〇二二年十一月二十二日有效瀏覽。

利他的人

一個體貼入微、為他人著想的動作，不僅是「利他」行為的具體表現，也是個人為組織、企業實踐「永續」目標的最佳象徵。

二〇二二年母親節前夕，安得烈慈善協會台中辦事處配合協會辦理「柔韌母親」的表揚活動，負責的社工同仁因為要協助兩位家住南投、接受表揚的母親及陪同的家人，購買台中、台北來回的高鐵票（總數二十二張），因此有機會遇見售票櫃檯的「天使售票員」。

我的同仁原先是採線上購票，但為謹慎起見，決定親自到台中高鐵站的售票處取票；這二十二張票在線上訂票時依規定必須拆分為三次訂購，且分布在不同車廂、不同座位。

我同仁眼前的售票小姐原本也應當依購票代號分三次把票根給她，但到了第二輪取票核對車次與金額時，她很細心地發現，我的同仁一次代購這麼多票，是否有特殊需求？

我的同仁據實以告說：「我們是社福機構，要帶兩個受助家庭北上參加活動，但他們沒有搭乘過高鐵，所以必須把所有的票買齊及陪同他們搭車比較安全……」

售票小姐說：「那妳要關照兩個家庭，分散在不同車廂一定很不方便，這樣好不好，我幫妳把所有車票退訂，若以我個人的『票務作業變更理由』是可以重新訂取票的，然後再幫妳把二十二張來回票都安排在同一個車廂，只是這修改流程會花點時間，要麻煩您等待一下……」

我的同仁當下驚喜卻不好意思地問她：「這樣妳會不會被記錄工作缺失？如果會，那我還是按照原來分三次取票就好。」

她回答說：「不要緊，我們有彈性機制可使用，萬一主管問起，我可以解釋；如果這樣能讓你們的公益活動更順利，就太好了！」

就這樣過了三十分鐘後，她用增添自己繁複的作業方式讓我的同仁順利地取回安排在同一車廂的二十二張來回票。

我的同仁感動地頻頻向這位溫暖又敬業的高鐵天使道謝！

當同仁向我講述這段美好的經歷時，讓我非常的感動。

同仁分享她的感想，她說，當代許多產業趨勢把「永續」寫進它們的品牌軌跡裡，而我們從與高鐵天使的一段互動中，已經看見她用「美善」創造出屬於自己及那融入、代表企業形象的「永續」精神。

我同仁所說的「美善」就是「利他」的行為。

日本的稻盛和夫先生，他締造了兩家世界五百強的企業，被人們尊稱為「經營之聖」。他曾經說過：出身貧窮的人想要翻身一定要做到三件事情。

第一件事情，要「愚直地、認真地、誠實地」工作；第二件事情，要學會「利他」；第三件事情，要學會「感恩」。

稻盛和夫曾說：「所有的成功都是利他之心的回饋！」當年日本航空破產等

待重建時，大部分的社會輿論都為日本航空感到悲觀，甚至認為二次破產是無可避免的事，當時的稻盛和夫已經退出經營管理階層很多年了，本來他不用管這個爛攤子，但是他為了三個「利他」的原因，因此承擔了日本航空起死回生的重大任務。

第一，日本航空是日本經濟的代表性企業之一，日航失敗象徵日本經濟持續衰退。日航重建成功，可以帶給日本國民奮起的勇氣。

第二，日本航空重建不得不裁掉部分員工。日航重生，才能保護留任的三萬二千名員工。

第三，對日本民眾而言，日本航空破產，日本國內大型航空公司就只剩一間。少了競爭對手，票價勢必上漲，服務也會惡化。*

果然，在稻盛和夫的管理帶領下，僅僅用了一年多的時間就使日本航空轉虧為盈。

稻盛和夫始終認為，想要改變命運，不要只想著自己的利益，心裡還要能裝得下其他人的利益、抱有利他之心，退一步來說，即使做不到利他，也不能讓他人的利益受損。「利他」這個字眼，解釋起來很簡單，即「有利於他人」，也就是把「為了自己」的想法擺後面，以「為了他人」的想法為優先。

瑞典斯德哥爾摩大學的埃里克森（Karl Erikson）博士曾經做過一項研究，他針對一般人實施「你覺得利己與利他的人，何者的年收較高？」的問卷調查，六成八的人回答「利己的人」，回答「利他的人」只有百分之九，由此可知，大部分的人都覺得以自己為主，有點小聰明的人賺得比較多。

但實際調查之後才發現，情況與一般人的推測完全相反。

埃里克森博士請四千零一十七人接受問卷調查，詢問他們捐款與參加志工活動的頻率，調查這些人利他與利己的傾向。之後，再調查這些受測者十四年來的變化。

結果發現，就算利己與利他的人一開始的年收一樣，但隨著時間經過，利他的人的年收成長率比較高。其成長率是利己的人的一．五倍，換言之，利他的人年收高於利己的人。

為什麼會有如此的差距呢？利他的人即使身在職場，也很關心周遭的人，看到別人遇到麻煩會問需不需要幫忙，也會盡力幫忙自己做得到的事，隨時準備幫助別人。

因此，利他的人因為這些日常行為搏得他人的信任，最終得到重要的工作，被拔擢為團隊的負責人，年收也因此增加，與只懂得利己的人拉開差距。**

我們應該都覺得利他的人比利己的人更值得信賴，對吧？比起自私自利的人，能為他人著想的人更讓人覺得放心，也更值得信賴。會在緊急時刻伸出援手的，通常是那些平常就會為他人著想的人，就像那位高鐵櫃檯售票小姐一樣，在緊要關頭助他人一臂之力。

* 參考引自彭子珊〈經營之聖的成功祕訣 稻盛和夫：利他行善有強大力量〉，《天下雜誌》，https://www.cw.com.tw/article/5065281，二〇二二年十一月二十二日有效瀏覽。

** 參考引自岩崎一郎〈《改變人生的大腦鍛鍊》：你覺得「利己」與「利他」的人，何者的年收較高？〉，《關鍵評論》，https://www.thenewslens.com/article/153752，二〇二二年十一月二十二日有效瀏覽。

什麼是「成功」

二〇二一年六月的一個晚上，我應邀到某衛星扶輪社演講，分享多年來在安得烈慈善協會服務弱勢家庭的心得感想。這是一個成立才二年多的扶輪社，社友大多是各行各業剛入行、初起步的年輕人，他（她）們對於自己的工作、事業充滿了期待，對於社會公益、服務人群亦充滿了熱情。

演講結束後，社長開放現場的社友們提問，有一位社友請我從自己的人生經歷談談對於「成功」的看法。

我看時間已晚，不想耽誤大家太多時間，於是簡單的答覆他。我說，每一個人都渴望擁有成功的人生，尤其像我這樣家世背景不好的人，更期盼成為成功的人士，但是我提醒大家，無論我們追求的是外在、物質的成就與滿足，或是心靈的淡定、寧靜，只要我們不是用傷天害理的方式，不是用違背道德良知的行為所獲得的成就，都應該是被鼓勵和祝福的。我進一步說，成功的人生不只是事業成功、功成名就，更重要的是為人的成功。

我的說明引發了大家提問的興致，另外一位社友接著問我，對於事業剛起步的年輕人，到底要怎麼做才能邁向成功呢？天啊，這是一個大哉問！我回覆提問者，這是一個很棒的題目，但是只有張忠謀先生、郭台銘先生或是事業成就非凡的人才有資格答覆，我不夠資格，沒想到底下多位社友異口同聲表示，他們希望聽聽我的看法。

我經過思考之後告訴社友們，一個人想要成功，他的人生必須先設定明確的目標，這個目標不僅對個人有意義，也應該符合普世性的社會價值觀。唯有確定了人生的目標，並且堅持不懈、努力不懈，才能擁有成功的一天。一個沒有明確目標的人看不見努力的方向，也不會滿足於現況。我說，目標也就是我們人生的夢想。我引用日本知名的網路公司 GMO 集團創辦人熊谷正壽曾經說過的話：「如果夢想沒有成形，就算每天用記事本詳細擬定時間安排，也不過是擁有個空殼子而已。」就像只想求及格的人不可能奪得第一，人無法超越理想中的自己，一個人如果對未來沒有明確意識，就不可能達到夢想中的未來。

我接著說明，一個人想要成功，除了必須設定明確的目標，還必須培養四種基本的態度。

第一種態度是要「正確的認識自我」。認識自己的能力，在心理學裡被稱為「自我覺察、自我意識」（self-awareness），它是一個相對複雜的概念，美國組織心理學家歐里希（Tasha Eurich）將它定義為一種清晰地認識自我的意識和能力。這種意識和能力包括了解我們自己是什麼樣的人，以及別人眼中的我們是怎樣的人，我告訴社友們，我們必須認識自己，一個不認識自己的人看不見人生目標，也看不見未來。

第二種態度是具有「樂觀向上的心態」。樂觀心態是指我們對待事物的變化所具有的積極向上的人生態度。我們的人生總會遇到許多難以預料的狀況，在這些事物面前，我們應當正面對待，多往好的一面想並為此而努力。香港鳳凰衛視有一句令人印象深刻的Slogan「思想有多遠，我們就能走多遠」，我們判定一個人是否成功，看他是否具有樂觀的心態就知道了，悲觀的人是不可能力爭上游的。

第三種態度是常存「寬容與感恩的心」。網路上有一則故事：一位脫口秀主持人曾打賭希拉蕊（Hillary Rodham Clinton）的自傳不可能賣超過一百萬本，否則他把鞋子吃下去。結果沒過幾個星期，希拉蕊的自傳就暢銷了一百萬本，但主持人吃下的是希拉蕊特意為他訂做的鞋子形狀的蛋糕。

這個小故事似乎有些詼諧、有趣，但卻反映出真正睿智的人，對於他人的批評，不但不生氣，反而更加具有動力，不斷的完善和糾正自我，從而讓自己能夠越來越成功。給予我們挫折的人，要包容和感謝他們，因為我們可以得到成長的機會，也知道如何面對挫折與傷害。

第四種態度是建立「面對挫敗的勇氣」。我以自己的經歷告訴社友們，人生在世，不可能永遠風平浪靜，不如意之事十之八九，每個階段總難免會遇到一些挫折與失敗，只要我們具有勇於面對困難的勇氣和戰勝挫折的態度，這些挫折、失敗又算得了什麼呢？經歷過諸多的風雨，諸多的崎嶇不平，可以幫助我們更加堅強，更具備奮戰的意志。反之，一個容易受到打擊而挫敗的人，必定沒有再戰再起的能力，失敗只是剛好而已。

我最後鼓勵與會的社友們，想要成功，務必要「點燃努力的動機」！點燃努力成功的動機是指找到自己的興趣，並且找到正確的方法，讓自己願意去做、樂意去努力。如果能讓自己心甘樂意去做，自然能夠燃燒起奮鬥的動力。因此，先找到自己的興趣所在非常重要。我們只要下一點功夫點燃自己的熱情，就可以幫助自己邁向成功之路了。

這場演講原本應該在晚上九點鐘結束的，但社友們的熱情所引發的熱烈討論，到十點多才結束，我從這些年輕人閃亮的眼神中看到他（她）們正在成功的路上蓄勢待發。

往自己想要的方向走

這些年來，因為親訪案家的緣故，我經常得從板橋車站搭乘高鐵南北奔走。每次南下或返回板橋，都要經由板橋車站底下的地下街出站。

行經的地下街，總會固定看到一名坐著輪椅、戴著口罩的年輕人販賣手工餅乾，小小一包，幾種樣式，一包五十元。當他不斷發聲喊著：「手工餅乾喔，一包五十元喔！」我總會不經意走過去買個兩包，這樣的購買不是出於同情，而是對於這位年輕人的支持，心裡著實佩服這位身障青年的毅力和勇氣，因為這般生活的艱難，他能夠正視自己並面對問題，不怕他人異樣眼光而努力生活，是何等的不容易。這是一種傲骨的自尊，也是期待中的堅持。這讓我想到旅人兼心理治療諮商師黃錦敦在書中寫下在尼泊爾的真實故事。

一名現住在尼泊爾加德滿都的蘇姓年輕人，小時住在窮鄉僻壤的山上，父母都務農。小時的他常想著：「我，一定要離開山上。」一次，因著生病，父母帶他到首都加德滿都就醫，看到城市加德滿都，更加深他要離開山上、一定要到這樣的城市來的想法。

於是，不到十歲的他，開始把家裡採收的馬鈴薯偷偷留下幾顆，拿去市場賣，一點一點存著搭公車的錢，等存夠了錢，他就獨自搭車離開了山上。後來焦急的父母找回了他，但他仍無法忘記加德滿都，又偷偷賣馬鈴薯，然後搭車走了。雖然父母又找回他，但連番幾次，父母知道這孩子回不了山上了，便和他約定，若他願意出家當喇嘛，便讓他去。孩子當了七年喇嘛後還俗，覺得自己人生要有新目標，便努力自修準備考試，回學校讀書，未來還想讀大學。

如今已是成人的他說：「我知道我為什麼急於想離開山上，因為我知道若我留在山上，就得一輩子跟父母一樣墾地種田，但我想要的生活不是這樣，我想要有自己的人生。」因為不想要這樣的生活，不想向命運低頭，不想原地踏步，就得想辦法突破。既要突破，就得脫離舊有的舒適圈，就算困難重重也要掙扎起身而行。*

我們不管身處在什麼樣的境地，只要願意，就有改變的可能，而願不願改變，乃在於心。心之所往如同水之奔流，可載舟也可覆舟。若心有所堅持，想往前走的人必能朝著想要的方向前行，甚至，走得比自己以為的更遠。未來，沒人說得準，總是無可限量的。

這讓我想到安得烈在弱勢扶助的培鷹計畫裡，不也是想盡辦法鼓勵這些生長在脆弱家庭中但有潛力的孩子們，能往自己想要的方向走？這些培鷹的孩子們所在環境雖較為困苦，但困苦熬煉著心志，人窮心不窮，為了將來的脫貧，年紀雖小卻努力著自己的人生，小育就是這樣一名令人激賞的孩子。

小育的父親在她年幼時就過世了，母親搬離家中便沒再回來過。小育由祖父母撫養，祖父販賣種植的農作物維持家計，主要是香蕉。高齡九十一歲的祖父，身體狀況一天不如一天，即使伯父也搬回家中幫忙，但因收入微薄，還是得在外做粗工以貼補生活費。

小育從小乖巧聽話，體貼祖父母養育的辛勞，為減輕家中經濟負擔，國小畢業後選擇加入大內國中舉重隊，不但藉由舉重來挑戰自己、突破自己，並希望可拿到好成績，以獲得獎金來幫助家裡。吃苦耐勞的小育，從未因訓練嚴格或遇到瓶頸而有過放棄的念頭，只要一卡住便尋求教練的協助來精進自己。

身為運動員，除了練習還是練習，一旦鬆懈了絕對不可能有好表現，因此，小育需花大部分的時間來練習舉重。但，就算時間緊湊，自我要求甚高的小育也未曾放棄過學業，總會利用餘剩的時間複習功課。在校自律甚嚴，在家中的小育也是個孝順的好孩子。一次，奶奶因跌倒需要有人照護，小育二話不說，立即向教練請假回去照顧奶奶，卻也向教練要求視訊督策，持續在家中繼續自我鍛鍊。小育曾說道：「只要拿到獎金，要先幫家裡繳水電費，再來才是為自己買參考書及運動鞋或是日用品。」

安得烈心繫像小育這樣努力奮發、不畏艱苦的孩子，視他們如同未經雕琢的寶石，從旁協助。除了食物箱供應溫飽，獎助學金勉勵學校學習外，也不時的探視關懷，以安慰祖父母疲累的心。一點一滴，以愛相伴，著實相信這些孩子有朝一日必也如寶石般閃閃發光。

我認為，生命的本身本是不斷發展的過程。常聽人說生命中的「奇蹟」發生，而我深信之所以有奇蹟仍在於堅持不放棄的精神，誰能預測生活中永遠的一帆風順。不同的選擇，不同的生活態度就會有不同的冒險及結果，但因為堅持並努力活著，必會走出自己的一片天。

* 黃錦敦《生命，才是最值得去的地方：敘事治療與旅行的相遇》，張老師文化，二〇一四年。

輯三

安得烈的關懷

客製化的食物箱

——無論貴賤，每個人都應有尊嚴

「執行長，安得烈食物銀行的負擔已經很重了，為什麼還要做客製化呢？」從美國返台定居的陳大哥好奇的問我，「美國境內大大小小的食物銀行很多，卻沒有一個像安得烈一樣做客製化的食物箱援助。」

其實，類似陳大哥的問題，我已經被問過許多次了，可見安得烈食物銀行客製化的食物箱已引起大家的注意。

我之所以推動客制化的食物箱，應該回溯至二〇一六年的十一月，某日，我在社工的陪同下探望一位尚未成為安得烈援助個案的單親媽媽，她很辛苦的照顧兩個孩子，當時的大兒子四歲不到，二兒子才一歲多。由於孩子還小，這位媽媽無法外出工作，只能依靠低收補助，並由當地的慈善機構提供幫助。

訪談期間，我注意到矮櫃上有五罐同樣品牌的奶粉，而且尚未使用過，於是我好奇的問那位單親媽媽，奶粉是否尚未使用？

她回答是。

我再問她，為什麼沒有拆封使用呢？

她告訴我，她的小兒子因為身體有狀況，不能喝這個品牌的奶粉。

我接著問她，既然不能喝這個品牌的奶粉，有沒有反應給幫助她的慈善機構呢？

她回答我，她有將問題反映給幫助她的慈善機構，但是該機構人員告訴她，他們只有該品牌的奶粉，而且奶粉是廠商捐贈的，他們無法指定品牌。她只好無奈的收下來，或許將來可以轉贈給有需要的人。

這件事情給我很大的提醒，我心裡想，倘若我們給案家的物資，非案家所能使用，不但案家的困難未被解決，而且物資也浪費了，既然如此，何不推動「客製化食物箱」？既可以幫助案家解決困難，也可以讓物資被有效運用，避免浪費。

於是我從二〇一七年二月份起開始推動客製化服務，針對個案不同年齡層和身體狀況，提供他（她）們所需要的食物箱。包括：

一，嬰兒食物箱：針對零到三歲嬰、幼兒的需求及體質狀況，客製化提供奶粉（每月二罐）與尿布（每月一至二包）、衛生紙等生活物資。

二，膳糧食物箱：針對三至十五歲兒少的成長需求，提供主、副食物資，例如白米、麵條、肉鬆、肉類調理包、罐頭、奶粉、麥片、麥片穀粉沖泡袋、保久乳、餅乾及勵志刊物等。

三，素食食物箱：針對素食者，提供全素之主副食物資及勵志刊物等。

四，專案食物箱：針對罹患重症、罕病、重大傷殘之弱勢兒少或年長者，配合其醫療及營養需求，提供所需的營養補充品及尿布（褲）。

五，長青食物箱：針對六十五歲以上的弱勢年長者，配合其年齡與身體狀況，提供低糖、低鈉且好烹煮調理之常溫食品。

除了上述五種客製化的食物箱，另外對於不吃牛肉或不吃豬肉，或有特別需求的案家，安得烈都會特別準備，讓受助家庭吃得安心、吃得健康。除此之外，協會也在每年一或二月份配合農曆春節，特別為弱勢家庭預備常溫保存、內容豐富的年菜，陪伴他們度過溫馨、快樂的農曆新年。

因著客製化的食物箱，安得烈幫助了許多弱勢家庭大大減輕生活的負擔和壓力。曾經有多個「專案食物箱」的受助家庭表示，以往每個月要花費六、七千元採購的高蛋白營養補充品、尿片、尿布，或是罕見疾病兒童所需要的物資，如今靠著安得烈的幫助，大大減少採購量，家庭的經濟負擔和壓力自然減輕許多，家庭可以獲得喘息的空間。

「提供到位、貼心、細心的服務」，是我一貫的助人原則，我甚至認為，助人的工作也是服務的工作，幫助、服務那些遭逢困難的人脫離困境；再者，「無論貴賤，每個人都應有尊嚴。」這是我對慈善工作的基本要求，不同於某些團體常以大陣仗探視個案，我家訪時只帶一至二位社工或關懷人員同行，而且規定同仁不得穿著協會的背心進出案家，因為受助者也需要尊嚴與隱私，他（她）們不想被人知道，甚至因而被歧視。我之所以會有如此的態度，是因為我自身來自高風險、貧窮家庭，相關的背景讓我成長過程滿是自卑。我覺得助人、關懷人的工作需要多一些「同理心」，具備「同理心」可以讓助人者走進受助者的內心世界，務實的了解受助者的困難和需要，唯有如此才能幫助困境中的人改變生命、翻轉人生。

畫出屬於自己的一片藍天

——安安的成長

安得烈慈善協會自二〇一六年舉辦學藝競賽，目的是希望透過繪畫及寫作發掘有才華和潛力的孩子，並搭建屬於弱勢兒少的舞台，使他們不受環境、條件限制，盡情揮灑創意、一展長才。每年學藝競賽皆吸引許多偏鄉、弱勢家庭的孩子們前來投稿，在眾多作品中可以看到孩子們無窮的創造力及生命力。

在第五屆學藝競賽中，一位孩子的作品從眾多參賽者脫穎而出，獲得評審青睞成為優選——他是安安，一位心思細膩、善解人意的孩子。他喜歡觀察世界的一草一木、人的一顰一笑，從自身視角畫出日常生活的生命力。安安參加多次比賽屢獲佳績，也從中磨練出不少實力，就讀國中的他，未來目標相當明確的期許自己考取美術班及朝著教育界發展。然而在他色彩斑斕的作品裡，背後也承載著青春期難以言喻的課業壓力、自我認同感低落及渴望同儕情誼的心情。

雖然安安擅長繪畫，在校成績卻不佳，特別英文的測驗分數從未及格過，身為即將面臨會考的國三生，要考上理想學校幾乎是遙不可及的目標，短時間要提升成績只能透過補習加強，但安安的英文基礎從國一滾雪球到國三，程度已落後同齡一大截，自己也很懼怕自身程度到補習班上課會被同學嘲笑，因此一直找不到合適的老師；安安的媽媽將這些煩惱告訴安得烈，我請英文系畢業的社工同事著手協助輔導安安的英文。

在輔導過程中發現安安不太能專心在課本，時常精神恍惚、寫字就手痠或錯字、每次下課派回家的作業也有一半未完成，眼看會考在即，安安的壓力值彷彿瓦斯爐上即將煮沸的滾水，社工同事更著急地思考如何幫助孩子進入學習。有一次課堂中安安盯著文章看了許久，課本都快被看破，過了許久才伴隨著害怕犯錯的心情問道：「老師我分不清楚手跟頭的單字，所以不知道文章的意思。」還有好幾次才剛教完的單字轉眼下一行句子就忘記，上課的狀態如同文盲閱讀文章，沒有一個字曉得，讓社工同事不禁懷疑孩子是否深受閱讀障礙困擾，因此每次下課也花很多時間與家長討論孩子的學習表現，多次懇談後媽媽才娓娓道出家庭許多狀況。

原來安安有一位先天性腦損傷的哥哥，需要家人全天候照顧，無人可外出工作的情況下，家中經濟只能依靠社福補助度日，要負擔起全家日常開銷、學雜支出總總花費，經濟時常左支右絀，最辛苦時曾經母子三人共享一份便當，回憶起過往生活種種辛苦，媽媽的眼眶不禁潰堤。

因著哥哥的特殊狀況，媽媽傾注所有心力，卻忽略安安的成長變化，貼心的孩子不想造成母親困擾，便壓抑內心期待的關愛，在長久封閉自己，長期無人關懷的情況下，致使遇到問題也不知如何訴說、逃避作業、學習動機低落，這些負面形象常遭同學的嘲笑。在家及在校的無助，讓安安好幾度找不到自我價值且感到絕望，曾向媽媽吐露：「我就像是一團垃圾……」這句話深深烙印在母子心中，至今回想起來仍讓人感到鼻酸。

然而安安每次心情不好時就會畫畫，畫完心情則豁然開朗一大半，與此同時，他的繪畫天賦被發掘，且受到許多人肯定，這個轉變彷彿一道光照亮黑暗的生命。自責的媽媽希望鬆開母子三人的結，便調整生活重心，彌補錯過的親子關係，經與討論安安確定想往繪畫這條路前進，即使學畫、顏料、相關栽培可能是一筆不小開銷，但媽媽為了支持他的理想，寧願少吃一餐省錢，也不願意節省學習花費，只希望讓孩子畫出屬於自己的一片藍天。

在找出原因後，社工同事針對課程重新調整，除了維持進度上課外，不斷嘗試各種教法讓孩子理解，更陪著他找到屬於自己學習英文的方式，引導解題邏輯獲得答案，無形中建立學英文的自信心，不斷肯定他，一點一滴使其對英文產生好感，最終幫助安安考上理想志願。

愛因斯坦（Albert Einstein）有句名言：「每個人都是天才，但如果你用爬樹的能力評斷一條魚，牠將終其一生覺得自己是個笨蛋。」安得烈相信每個孩子都有獨一無二的天賦，但不見得每個孩子都夠幸運可以被啟發，各種狀況及條件都可能淹沒孩子的才能。陪伴是一條艱辛且漫長的路，許多時候，我們想以自己的角度介入對方生命，但總因為不了解而造成許多遺憾，在陪伴安安過程中，因著每一次理解，讓社工同事想要盡更大努力守護這個家庭度過每個難關。

第六屆學藝競賽，安安的作品再次獲得佳績，在頒獎典禮中看到他，氣質與過去自卑膽怯的樣子截然不同，眼神充滿著理想，他很滿意目前的校園生活，並持續為自己的夢想努力，我也很開心看到一個生命如何力爭上游，游進適合自己的地方，徜徉其中，大放異彩。

足球好手阿隆的逆境之路

初次見到阿隆，是在二〇一九年的八月底。十七歲的他，長得挺拔俊俏，卻難掩憂鬱眼神，讓人容易留下深刻印象。

那天，我請社工安排家訪的目的，是因為阿隆的爺爺前兩天為著家裡的經濟問題和奶奶發生了不愉快，爺爺竟然意圖自我傷害，幸好只是摔斷了腿，未發生更嚴重的悲劇，但也因此，讓原本辛苦的家庭更陷入愁雲慘霧之中。

比起同年齡的青少年，阿隆是一個孝順、成熟、穩重，而且內斂的孩子，他的腳下功夫了得，國小、國中時曾經是學校足球隊的重要成員，國三畢業後被保送到某高中就讀，那一年，他原應該要讀高中二年級了，然而在我和社工家訪前一周，他才完成該所高中的復學申請。他前一年休學的原因，是因為家裡又發生了變故，他只好休學在家照顧八十多歲的曾祖母及六十餘歲的爺爺、奶奶，希望能為家裡盡一點心力。

他原以為家裡的狀況稍微穩定，可以開開心心的上學、踢足球了，沒想到爺爺又發生狀況，讓他的心情跌落谷底，擔心又得休學一年了，也不曉得學校未來是否會同意他再復學，生活中太多辛苦及不確定的事情所帶來的憂慮，讓他俊俏的臉龐格外顯得疲憊。

阿隆的身世坎坷，三歲的時候父親因病過世，出殯那一天，母親離家出走，遺棄了他和身障的哥哥。十餘年來，靠著曾祖母及奶奶天天折「金紙」賺取微薄的工資，含辛茹苦的把他和哥哥拉拔長大。

我和社工的到訪，讓爺爺的情緒有了抒發的出口，我們靜靜的聆聽和謹慎回應。爺爺的學歷低，住在鄉下地方，資源有限，再加上辛苦了大半輩子，心中難免充滿許多的抱怨。其實，爺爺如果在每一次情緒發生的當下，可以體會到自己內心細微的變化，並且有一個聊天的對象，讓情緒得以和緩地表達出來，或許內心鬱悶的感覺就不容易存在。也不容易累積太多負面的情緒在心裡。像爺爺和阿隆習慣用壓抑的方式，將所有的情緒吞到肚子裡，就有可能轉變成「憂鬱症」了。

爺爺說，阿隆的功課雖然不是很棒，但他從小就懂得體貼長輩的辛勞，也會分擔家事，當去年家裡又遭逢變故時，他為了不想讓爺爺、奶奶擔心他後續的學雜費、生活費，因此毅然決然的離開才就讀不到幾天的高中，為此，爺爺氣得好多天不想和他講話，讓阿隆心裡十分的委屈難過。阿隆告訴我，他知道爺爺疼愛他，希望他好好的讀書，將來才有改變困苦環境的機會，可是他實在不忍心讓辛苦一輩子的爺爺再為他的學雜費和生活費而操勞。

我看到阿隆的眼眶暗沉，並且頻頻打哈欠，於是藉故帶著他到戶外走走，想要了解他是因為身體健康出了問題或是睡眠不足所致，阿隆告訴我，他從三歲以後，常常睡不好覺，嚴重的睡眠障礙，已經困擾他好多年了。他從小學五年級參加球隊開始，每天一定要把自己操練得很累很累，才能換得安穩的睡眠。

阿隆的狀況讓我回想起我的父親，他在心理狀況正常的時候是一位身兼母職的慈父，也是鄰里眼中充滿愛心、工作認真、待人誠懇的老兵，但他發起酒瘋就完全變了一個人，尤其是在晚上的時候，夜深人靜，我和弟弟睡著了，爸爸在幾杯米酒下肚之後，就會叫醒我和弟弟，莫名的臭罵一頓或毒打一頓，他也會跑到大馬路上聲嘶力竭的沿路大罵，吵得鄰居不得安寧，在美濃小小的鎮上，他是無人不知的頭痛人物，他給我們兄弟帶來極大的驚恐和羞辱，因為爸爸的狀況，所以我在小學五、六年級的時候曾經有一陣子莫名的失眠，躺在床上久久無法入睡，加上那個年齡，也開始會思考一些問題，面對生活中的困難，爸爸失常的狀況，想著媽媽不知身在何處？為什麼狠心丟下我和弟弟，我曾經有多次有著不好的想法，覺得人生活著痛苦，也沒有意義。

我很感謝我的養父養母常常到家裡探望我和弟弟，即使我的爸爸常常莫名其妙的責罵他們一頓，但是他們總是笑臉迎人，並且用耶穌基督的愛溫暖我們兄弟的心，於是信仰在我的人生中，尤其在碰到困難的時候，成為我堅持下去的重要力量。

阿隆的狀況讓我感到心疼與不捨，我鼓勵他認真的求學，快樂的練足球，至於家裡的困難，我們會有專業的評估和協助，後續會提供他所需要的生活費，讓他在沒有後顧之憂下，順利的完成學業。

開學一個月後，社工轉來阿隆給我的 LINE 訊息，他說：「執行長阿伯，謝謝您幫家裡解決困難，謝謝您在我最需要溫暖的時候，陪伴我們度過難關。同時告訴您，我的睡眠有逐漸好轉了，每天練完球，做完功課，我幾乎可以入睡，我要謝謝您和社工姊姊的關心和幫助，我會繼續加油的。」

看完阿隆的簡訊，望著窗外多日陰霾天候之後所顯露的暖陽，我心裡想，人生雖有烏雲密布之時，只要堅持到底，不為環境所困，終會有雲開之日。

我可以帶一盤烤好的食物回家嗎？

——阿雄的孝心

某個周末下午，協會社工接到個案阿雄的電話，阿雄在電話中緊張的表示，媽媽住院了，下周可能要動手術。社工問他，媽媽什麼原因住院？為什麼要動手術呢？

阿雄說，媽媽有糖尿病，半年前左腳掌逐漸發黑，最近發現腳底潰瘍了，她才去看醫生，醫生說可能需要截肢，媽媽住院前交代要通知安得烈的哥哥、姊姊，她可能需要幫助。

社工接完電話後立即回報我有關阿雄媽媽住院的事情，並且說明阿雄家目前的困難與需要協助的事項，我當下決定和社工周一親自跑一趟醫院探望阿雄的媽媽。

阿雄是我二〇一六年七月一日到安得烈慈善協會服務後，讓我留下深刻印象的其中一個弱勢家庭的孩子。那次家訪是在中秋節過後，我在一位牧師的陪同下探訪阿雄的家人。

阿雄的媽媽罹患糖尿病多年了，由於併發了代謝性白內障，導致兩眼視力模糊，尤以左眼最為嚴重。阿雄的爸爸則是身心障礙者，狀況時好時壞，因此家庭的經濟，除了依賴有限的低收入戶補助外，剩下的重擔就落在媽媽的身上。阿雄媽媽因為三個孩子還小及自己的身體健康因素，無法外出工作，只能在家裡做手工代工，每天辛苦的完成一千組手工品，僅能獲得工資四百元，由於手工品耗費眼力，造成她的視力模糊問題更加嚴重。

家訪前，牧師特別稱讚阿雄的孝順與體貼。她說，中秋節的傍晚，她邀請周邊社區的孩子到教會烤肉，阿雄和他的弟弟、妹妹都被邀請參加。

當大家陸續烤好食材之後，她看到阿雄拿了一個塑膠盤，夾了香腸、豬肉片、黑輪、豆乾等，然後怯生生的來到牧師面前，問道：是否可以帶一盤烤好的食物回家？

牧師好奇的問阿雄，大家都在現場邊烤邊吃，為什麼他要帶一盤回家呢？阿雄說，因為爸爸媽媽沒有機會吃到這些烤得香噴噴的東西，因此，想要帶一些回家，給他們享用。牧師聽完，當場紅了眼眶，她沒有想到，一個才讀小學四年級的孩子竟然如此孝順和懂事，而且很有禮貌的徵詢牧師的同意！牧師特別交代教會的幹事準備了兩個餐盒，裝滿烤熟的食物，請阿雄帶回家。牧師說，她至今無法忘記阿雄臉上綻放如同天使般的笑容。

那天我們到阿雄家探訪時，他和弟弟、妹妹正在幫媽媽用細線穿串手工品，阿雄和弟弟較為木納，話不多，幾乎是一問一答，倒是妹妹顯得活潑多了。妹妹說，他們是媽媽的眼睛，幫忙媽媽做很多事情，放學後或是假日期間幫媽媽做的手工品鑽孔穿線，媽媽才可以早點收工休息。

我稱讚媽媽，把三個孩子教養得如此有禮貌，並且懂事。媽媽說，她雖然家境貧窮，但一向家教嚴格，她教導孩子們「人窮志不能窮」，窮人的孩子更要有上進心、責任心，並且具備良好的品格與正確的觀念，未來才有機會翻身；雖然三個孩子的成績普通，但是人品絕對沒有問題。阿雄媽媽對於子女的教養，顛覆了許多人對於弱勢家庭子女品格、行為教育的刻板印象。

周一的上午，我和社工搭乘高鐵南下到醫院探望這位媽媽，了解她的病情及後續醫療作為之後，我勸阿雄的媽媽，三個孩子還小，她應該注意自己的身體，健康出了問題，就應該早點就醫，怎麼會拖到要截肢了才看醫生呢？

媽媽說，她不是不顧惜自己的身體，實在是因為鄉下地方交通不便，跑一趟醫院要花很多時間，如果要省時間，就得搭乘計程車，花費的交通費更多，她因為無法兩全其美，乾脆就先拖延一段時間，沒想到會變得如此嚴重。雖然這位媽媽的理由，讓人無法接受，但是她講的卻是事實，這也是許多偏鄉弱勢家庭的寫照啊。

看完阿雄的媽媽，我們再和醫院的社工進行對談、了解醫院可以申請的補助項目，至於不足的部分由協會提供協助，協會希望幫助這位媽媽順利完成手術，能夠盡快康復回到家中，畢竟三個孩子需要媽媽的照顧。

十天之後，阿雄的媽媽出院了。先前主治醫師知道媽媽的家況，因此格外細心謹慎的進行手術，但因為她患有糖尿病，復原較慢，因此多住了幾天的醫院。

阿雄媽媽回家之後，特別打了通電話到協會，謝謝協會在她最困難的時候伸出援手幫助她度過難關。我則鼓勵她安心靜養，尤其是糖尿病患者在手術後的照護很重要，提醒她注意傷口是否有癒合不良的狀況，尤其手術的傷口需要仔細觀察是否有發炎變化或滲出的任何徵象，同時也要注意改善血液循環。

阿雄的孝心讓我想到十六年前南投竹山「一碗麵」的故事，當年接受幫助的五個姊弟，他們比同年齡的孩子多了一份不畏困難的勇氣、自信及孝心。雖然阿雄的家庭目前仍然存在著困難，但是媽媽和三個孩子都具有正確的觀念和正向的態度，我相信他們一定可以克服逆境，打造幸福的未來。

點亮未來

——看見他們心靈世界的單純和美善

二〇二二年一月農曆年前，我收到一位楊小姐寄來的掛號信，內附三個署好姓名的紅包。楊小姐在信中表示，二〇二一年十二月中旬，她到國父紀念館二樓文華軒參觀安得烈慈善協會展覽的第六屆「學藝競賽活動」得獎作品，看到其中三個孩子的畫作內容，她特別受到感動，因此請我在農曆春節前代為轉達每個孩子一個紅包。當三個孩子收到紅包後，或寫卡片回謝，或回贈自己設計的卡片表達他們的感謝，孩子們的成熟懂事讓我感到欣慰與感動。

第六屆公益畫展的主題為「點亮未來」，我希望透過繪畫及寫作競賽發掘出有才華和潛力的孩子，鼓勵他們持續創作，不要因為環境的困難而讓自己的才能被掩蓋。另一方面，透過學藝競賽的辦理，傳遞正向積極的價值，鼓勵每個孩子勇於表現，接受挑戰，擁有開拓未來的勇氣。

學藝競賽不只是為受助的弱勢偏鄉孩子搭建一個展現才華的舞台，讓他們有機會被外界看見，可以盡情的展現自己，發出生命的光彩；更是發掘有潛力、值得栽培的孩子重要的管道。舉辦迄今，不僅規模不斷擴大、社會關注大幅提升，作品的質量水準也持續地升高。

所有的參賽作品皆由專業評審針對圖畫之創意、技巧、構圖以及文章之內容、結構、修辭等項目，嚴謹的完成初審和複審評比，在激烈競爭中，選出各組別特優、優選及佳作。評選過程中，評審們除了讚嘆孩子們的創作力和巧思之外，如何從眾多的優秀作品中排出順序，也讓評審們傷透腦筋，需經深入、反覆討論之後才得以定案。

在每一幅得獎的畫作和文章中，可以看見孩子們對於生活周遭人事物的觀察深入，在字裡行間和畫筆勾勒裡看到他們的內心世界，不論是繪畫或作文，都是孩子們的生命故事，創作的內容更看到許多孩子儘管身處偏鄉或資源有限的環境，藉由創作把這些生活經歷化作養分，包含每一個對人、事、物的心靈感受，或是曾經去過的地方，轉化成用畫作與寫作跟人分享生命的故事，看見他們心靈世界的單純和美善，更難能的是，藉由繪畫和寫作，讓自己的心靈世界躍然在紙上，與所有人分享。

繪畫作品獲得優選的陳同學，因為哥哥從小重病在床，使得他和媽媽、哥哥常常受到親友的言語霸凌傷害，心思敏銳的他，從小就一直缺乏自信，讓媽媽心疼不已，最後決定帶著兩個孩子離開家族。由於媽媽平時要照顧哥哥無法工作，生活過得相當辛苦，而這位同學也透過繪畫成為生活的樂趣和抒發的管道，也因此讓母親與老師發現他的繪畫天分，因此幫他投稿參加比賽。透過獎項的肯定，不僅鼓勵他願意持續創作，甚至考進了美術班繼續學習，期盼自己未來能在藝術界闖出一番成就，並且有餘力可以回饋社會

另外一位三度獲得繪畫組優選的鍾同學，是協會長期關懷陪伴的孩子，因為爸爸長期生病臥床的關係，體弱的母親辛苦地支撐家計，生活雖然過得辛苦，但是點

點滴滴都成為了她創作的養分。她在她的作品介紹裡這樣寫著：「理想中的美好，是童年時期的純真如同白色山茶花一般的潔淨的綻放著，不論是多麼繁雜或是艱困，都該保有著那份天真的笑容和心態去看待一切，更期望自己能夠和女孩頭上的小雛菊一樣，願自己雖身處逆境但充滿希望，處於繁雜卻依舊和平。」

在她的字裡行間可以感受到那份對於這個世界的善意和單純，不因著現實生活所遭遇的種種挑戰而有影響。她非常感謝安得烈長期幫助她們家，不管是食物箱的援助，還是獎助學金的資助，讓她們姊妹可以安心求學，而學藝競賽的肯定更是鼓勵她堅持在藝術創作的道路上走下去，她自己也期許著未來能夠投入繪畫教育，開設畫室幫助更多孩子學習創作。

至於作文組獲得特優的張同學，從小父親就有家暴行為，在她六歲的時候，新住民的媽媽申請了保護令，獨自帶著她和妹妹生活。她在獲獎的文章裡娓娓寫著她與母親的點滴，提到自己非常心疼媽媽為了生活每天煩惱，工作到很累很累，就是為了多賺點錢，因此趁著暑假打工賺取自己的補習費，希望能減輕家裡的負擔，但媽媽卻跟她說，讓她去打工是讓她知道未來出社會工作是多麼的辛苦，用意是希望她現在能好好讀書，將來做一個對社會有貢獻的人，不要認為他人的幫助是理所當然，千萬不要變成一個忘恩負義的人，以後有能力了，就要將我們曾經所受的幫助回饋給社會。這些諄諄教導和悉心照顧，都在張同學的筆尖記錄下來，母女的濃厚感情更是清晰可見。

安得烈慈善協會自策辦學藝競賽活動以來，一路上感謝許多社會賢達和企業廠商的支持，讓學藝競賽能逐漸成為具有規模的大型比賽。我要特別感謝國立國父紀念館前任館長梁永斐先生及現任館長王蘭生先生的協助，館方先後提供翠亨藝廊、文華軒作為展覽空間，對許多第一次來到台北的弱勢家庭或偏鄉的孩子，國父紀念館原只是在課本上所學習，或是曾經聽過的景點，卻從未想到自己的創作能夠在具有指標性的地點展出，公開展覽就是給這些獲獎的學生最大的鼓勵和肯定。

我特別鼓勵安得烈的同仁，未來應該持續深化、廣化此項有意義的活動，幫助更多脆弱家庭的孩子展露才華並且發掘興趣。當然，我更要感謝社會大眾的支持和關注，透過這份善心灌溉，讓這項活動越來越受到社會大眾的肯定和各界的正面迴響，鼓勵孩子們在創作的路途上持續努力，進而改變他們的生命。

蜜蘋果的風味

——小晴一家認真向上的生活

偏鄉部落因為工作機會少，青壯年多半會來到城市謀求穩定的職業和收入，小晴一家也不例外，她的爸媽舉家搬遷到山下的城市，只是賺得的收入在扣除當地林林總總的生活費後所剩無幾了，在多方考量後，小晴的爸媽決定再搬回山上老家。

與小晴一家見面就是在那年搬回老家的冬天，既是冬至也是聖誕節，一個即便身體冷颼颼，內心卻會不斷被溫暖灌頂的日子，我和兩位同事的車上載滿了禮物，就像是聖誕麋鹿列車一般，沿著排定的路線逐家探訪發送禮物，而小晴正是我們的第一站，當時小晴和大妹剛從學校走回來，臉頰凍得紅通通，小晴的媽媽則抱著一歲多的小妹，非常開心的迎接我們。這裡距離海平面有二千多公尺，比平地的溫度低了十幾度，看看我和同事身上穿的厚重外套，再看到她們身上一般的外套，同事說，慚愧自己的弱不禁風。

我拿出一件粉紅色的刷毛外套，小晴很開心的將它穿在身上，「哇！是我最愛的顏色耶！」她喜孜孜的說，但穿沒多久小晴就將外套脫下，穿回原本的薄外套，將它交給媽媽，並且跟媽媽輕聲細語幾句，媽媽立刻小心翼翼地將外套摺好，收回原本的塑膠袋裡，我納悶的問小晴媽媽：「這件外套很適合小晴，天氣這麼冷就直接穿在身上吧！」小晴媽媽說，「她很珍惜這件外套，怕會弄髒，捨不得穿，所以要我收好，等特別的日子再拿出來穿。」我們拗不過小晴的堅持，但也心疼她的成熟。接著我們又拿出了三個禮物盒，姊妹們開心的拆禮物，眼睛發亮的看著眼前全新的文具和玩具，對於在都市長大的孩子來說，聖誕節本應拿到這些，但小晴媽媽說，平常沒有多餘的錢給她們買新衣和新文具，身上擁有的都是撿他人的「恩典牌」，當小晴和妹妹們準備「收藏」這些文具時，我請她們放心地拿出來用，因為未來仍然會有禮物。要離開前，小晴媽媽送了我們一人一顆蜜蘋果，「這是我老闆種的，很好吃，請你們嚐嚐。」

在結束一系列的拜訪行程後，我和同事們又回到城市繼續忙碌著，在疲憊時想起孩子們單純滿足的微笑，頓時又被重新充滿電繼續衝刺，也常常想起山上專屬的蜜蘋果。有一天，同事電訪問候小晴一家，小晴的媽媽難過的表示，丈夫前陣子常常發燒生病，導致工作不穩定收入減少，後來到醫院看診，院方直接安排住院，她說當時他們擔心的不是自己的身體，而是害怕無法負擔住院後的醫療費，小晴的媽媽求助無門的沮喪著，詢問安得烈是否有管道可以協助，在同事進一步跟學校了解小晴一家的狀況後得知，因為爸爸病情未明朗，只能靠媽媽到山上打零工，還常常需要帶爸爸下山去就診，收入有一搭沒一搭，學校向其他機構申請的急難救助金也還在審核中，所以他們目前很需要外界的幫助。

一聽到小晴家的狀況，我請同事帶著協會的急難救助金直衝山上探訪，小晴的媽媽感激的表示，因為丈夫先前生病有先跟老闆預支三萬多元，但因為無法還清，所以老闆不肯再預支。她擔心丈夫繼續住院檢查的一切花費，這段日子她只能山上平地兩地奔波，沒辦法好好照顧孩子，內心很過意不去，但很慶幸小晴身兼母職，在爸媽不在的日子代替父母照顧妹妹們，媽媽的眼神流露出對自己孩子的驕傲與不捨。小晴爸爸在一系列檢查後確認是肝的問題，經過手術，在病情逐漸好轉之後順利出院。

再次接到小晴媽媽的來電，是開學後的九月底，當時小晴的小妹因為發燒和急性腸胃炎住院七天，院方表示小妹目前身體的血紅素和白血球比同齡的孩子少一半，建議自費營養素，媽媽原本的工作也被迫中斷，對正在籌措三姊妹學雜費的媽媽來說無疑是另一塊巨石砸下，她在電話中深深的嘆息：「為什麼我們家會常常遇到這樣的事？」同事安慰媽媽不要擔憂，並且向我回報小晴目前的家況，我交代同事可再提供急難救助專案。

當我們來到熟悉的小晴家，發現孩子們又長高了，但歲月也無聲的在小晴爸媽臉上留下記號，小晴的媽媽很感謝安得烈及時的幫助，手抱著百合花束要送我們，她說他們一家現在在花農底下工作，工作內容單純加上他們很努力，工作效率比其他雇員還高，很受到老闆的賞識，孩子們也會在課餘時間過去幫忙，孩子自己工作所得的酬勞也會存起來，花農老闆一聽到是安得烈的社工要來，連忙請她摘百合花並整理成花束作為答謝。我們替小晴一家對生活的認真感到驕傲，要孩子們放心在眼前的課業上，也允諾小晴父母安心生活，安得烈會陪伴著他們。

回辦公室的山路上是微冷的大霧，想起小晴媽媽給的蜜蘋果，蘋果在日夜溫差大的高海拔地區，為了禦寒保護種子，會將澱粉轉成蜜避免凍傷，因而在果核四周形成「蜜腺」，正因為這樣轉折大的生長環境，造就蜜蘋果好吃的保證，也像極了小晴家的寫照，儘管生活多舛，卻也砥礪他們認真向上的韌性，很高興安得烈能夠在這段路上與他們同行，見證屬於他們的「蜜蘋果風味」。

小宇的第一雙籃球鞋

小宇的爸爸為了一圓自己的夢想，遠從東南亞隻身到台灣工作，他喜歡台灣人的熱情，也在這裡結婚生子，並且有了小宇。

小宇的媽媽先前有過一段婚姻，雙方離異後便獨自撫養孩子，她與小宇的爸爸結婚後，夫妻一同打拚，爸爸也將孩子們視同己出，無奈小宇的媽媽近年來飽受憂鬱症與暈眩症之苦，無法穩定的工作，因此整個生活的家計都落在爸爸身上，他除了妥善使用每一筆收入外，每個月拿到的餐券補助，爸爸也都認真精算，希望在有限的資源下換到最划算的品項。

在準備迎接夏天之際，安得烈慈善協會收到了善心人士捐贈的肉粽和料理包，我和社工迅速的規畫發送路線，希望能將大家的愛心及時送達，認真生活的小宇一家也是其中一個發送點。

當門鈴響起，小宇和媽媽前來應門，「最近好嗎？這是我們剛拿到手的料理包和粽子，晚餐可以加熱嚐嚐唷。」小宇媽媽一手接過物資，淚水竟瞬間在眼眶充滿，「我的婆婆病得滿嚴重的，老公放心不下，二月回東南亞探望家人，沒想到竟然被疫情困住無法返台。」豆大的淚珠一顆顆的從臉龐滾下來。「已經過了三個月，家裡就靠他賺錢，孩子還這麼小，基本的餐費還有每個月要支付的房租，一想到這些晚上就無法入眠。」一面對遙遙無期的國門開放，夫妻兩人只能每天晚上透過視訊訴苦和互相打氣。小宇的媽媽像是抓到了一塊浮木，將這三個月來的心情傾訴給我們聽。

小宇在旁邊靜靜的聽著我們的對話，媽媽說到傷心處，指著小宇腳上的鞋，「我兩個孩子喜歡運動，他們腳上的鞋都是撿鄰居汰換下來的。」那是一雙略大的鞋子，有著磨損嚴重的鞋底板，眼前小宇媽媽的狀態就像這雙鞋，被繁雜的事情消磨殆盡。社工阿芬、阿華給了媽媽一個溫柔的擁抱，「這段時間辛苦了，謝謝媽媽跟我們說這些，我們會協助家裡盡快回到軌道。」

回到辦公室，我請社工阿華立即為小宇家申請急難慰助金，幫助他們度過眼前的燃眉之急，我同時也擔心還在成長階段的孩子們穿不合腳的鞋子會影響足弓生長，因此我們決定帶孩子們去買雙適合的鞋，安排在孩子們都在家的周日晚上。

那一天恰巧碰到下雨，我們出入總是濕答答的，行動格外的不方便，當小宇一看到我們的車，就打著傘衝過來迎接，貼心的為我們撐傘，他的笑容燦爛，彷彿是看見了烏雲上的太陽，那樣充滿盼望和喜樂。

開了將近一小時的車程，終於來到了市區一家大型體育用品店，這是他們第一次進來，眼前玲瑯滿目的球類和運動品項，對於熱愛運動的小宇兄弟來說，就像是沉浸在一場美夢當中，小宇興奮得滿場跑，不斷的說，「這裡是天堂嗎？這裡是天堂嗎？」接著他被一雙紅色的運動鞋吸引，在量測腳型與舒適度後，小宇用閃閃發亮的眼神抱著手上那雙鞋。

安靜內斂的小宇哥哥喜歡打籃球，選了一雙彈跳力佳的鞋子，這也是他的第一雙籃球鞋。兄弟倆跟其他孩子一起玩著店家提供的球類，歡笑聲此起彼落。回家的路上，兩個孩子依偎在媽媽身旁，難掩期待的問：「媽媽，我明天就可以穿這雙鞋子去學校嗎？」迫不及待的希望鞋子能夠陪伴他們探索更多新奇有趣的事情。

在這之後，我們常常致電給小宇媽媽，關心爸爸返抵國門的最新狀況，終於在一個多月後，小宇爸爸順利回到台灣，先前受雇的老闆在知道事情的原委後，願意讓他重返工作崗位，一家人再也不用擔心生計出問題，繼續認真的過每一天。

小宇媽媽不斷在電話那頭感謝安得烈在最困難的時期給予的支持和幫助。每當下雨天，我就會想起小宇為我們撐傘的溫暖畫面，儘管這個家庭目前仍然處於需要被扶持的狀態，但是安得烈會撐傘陪伴他們一起走過困境，等待雨過天晴的日子，我也期許小宇的貼心不會改變，將來長大也為有需要的人撐傘，成為他人的幫助。

第一屆柔韌母親

——新住民媽媽的夢想

某次應邀參加一場有關「新台灣之子」的座談會，在Q&A的階段，我問一位新住民媽媽，讓她勇敢來到台灣的動力是什麼？她簡單的回覆，她的家鄉和家庭很貧困，她從小就夢想有機會到一個能幫助她脫離貧困的國家生活，於是她嫁到了台灣。我沒有繼續追問她是否已完成夢想？因為從她的穿著和眼神中，我大概知道答案了。

我所關懷過的許多新住民，從小在內心裡就種下了夢想的種子，懷抱著遠大夢想，用全力朝著目標前進及努力。然而，當有了孩子，成為父母之後，在現實生活的壓力下，可能得放下自己心中的夢想，因為此時，孩子就成為所有父母親的夢想，只要孩子平安健康長大，再大的苦都會甘之如飴，我所關懷的許多新住民家庭幾乎如此。

有一天，協會的社工收到了學校轉介的食物箱申請書，當社工致電關懷案家，希望了解更多家況時，接電話的是一位華語講得不流利的新住民媽媽，她因為不太會書寫中文，而家裡又有物資的迫切需求，於是由就讀國中、成熟懂事的二女兒幫忙填寫申請書。

才就讀國中的孩子能懂多少單親母親的壓力呢？若不是這個家庭太辛苦了，使得子女也得承受部分壓力，否則孩子不太會詳細敘述整個家庭的狀況。社工看著這份申請書清楚的說明家庭的狀況與困難時，心疼這位新住民媽媽的遭遇，於是安排了家訪，希望深入了解她們的實際需要。

這位新住民媽媽十餘年前遠從越南來到台灣，她嫁到台灣的原因，是因為家鄉的經濟環境不好，因緣際會下透過仲介的介紹而嫁到台灣，她原期待可以展開一段新的人生旅程，始料未及的是更大的困難接踵而來。

她的先生是一名臨時工，工作不如意或心情低落時就會喝酒，往往幾杯酒下肚後就有家暴的行為，面對這樣的傷害，以及身處在一個不熟悉的環境，她傷心難熬，每天以淚洗面，甚至多次興起偷偷返回越南的念頭，但顧慮到兩個孩子沒有母親陪伴在身旁，未來一定很可憐，她只好選擇忍耐，盼望能守護家庭。

然而先生長期的暴力相向，讓她身心俱疲、苦不堪言，最終兩人協議離婚，雖然從此免於拳打腳踢的傷害，卻是另一個人生挑戰的開始。

她在越南並未受過完整的教育，十七歲嫁來台灣之前完全不識中文，到台灣之後先生又禁止她出門與人交流及學習中文，在工作及生活上與他人溝通全靠比手畫腳，難免受到他人歧視。為了克服語言隔閡，她靠著看電視新聞及節目，一點一滴拼湊意思及理解中文，一有機會就找鄰居練習口說，剛開始口音重、發音又不標準，常常惹出笑話，但是她不願意被困難打敗，把挫折當成養分，越是害怕越是勇敢面對。

由於教育程度不高，她的工作只能以零工為主，她做過許多臨時工，包括端盤子、整理民宿房務、疊茗葉、下田務農等，一天內要兼差數份工作才能維持她和孩子的生計。她的女兒形容媽媽，早上天未亮就在外奮鬥，晚上她們姊妹入睡了，她可能還在工作。每天為了生活而早出晚歸的打拚，印象中一周可能見不到媽媽幾次面。

這位單親媽媽平時省吃儉用，常常隨便吃個水果果腹，用節省下來的錢，讓兩個女兒能得到足夠的營養，健康的成長。她也因著自身教育程度的不足，因此格外重視兩個女兒的學業，即使每天工作忙碌，她都會叮囑女兒完成學校的作業，不上班的時候，她也盡可能陪孩子完成學校的作業。為了不讓孩子們落後同儕，她竭盡所能的讓孩子們到補習班彌補不足的部分，盡全力滿足孩子學習上的需求，希望窮不能窮孩子的教育、餓不能餓孩子的肚子。

她的辛勞，懂事的女兒看在眼裡，總希望能盡快出社會工作，為媽媽分憂解勞。有一天她在電話中啜泣地告訴社工，很感謝老天給她兩個這麼乖巧的孩子，但是大女兒努力讀到第一志願的高中，卻打算高中畢業後從軍，二女兒則希望高中畢業後當警察，趕快賺錢減輕媽媽的負擔，對於女兒的懂事，她心中百感交集，她希望孩子能以學業為重，順利讀完大學。

她這些年來面對諸多困難，總是咬緊牙關、忍耐撐過，並且不曾抱怨。孩子是她這一生中最美好的禮物，為了孩子，她克服語言、文化、生活、工作及養育等難題，不讓孩子感受到失去父親的遺憾。因著她柔軟堅韌的生命力，盡心竭力地為家庭付出，並且重視孩子的教育，使孩子具備良好的品格及卓越的表現，所以她獲選為安得烈第一屆柔韌母親，被肯定的殊榮讓辛苦十餘年的她感到十分欣慰。

未來幾年，這位單親的新住民媽媽仍然會為兩個孩子的學習而辛苦，她身處困境堅忍不拔的特質，是孩子們的最佳榜樣，這樣的家庭，只要我們適時給予幫助，即能成為他們前進的動力。安得烈一路陪伴，不僅僅是母親飄盪異鄉時的安慰，每月的食物箱更是一家人舉目無親時最溫暖的幫助，相信這些支持在他們生命中都會發揮不同凡響的影響力。

土芒果的酸甜滋味

——來自東南亞的阿惠母子

阿惠住在台灣已十餘載，來自東南亞的她，雖然中文仍然講得不是很流暢，臉上卻總是掛著一個招牌笑容，讓人印象深刻。前一段婚姻因為家暴，她帶著兩個孩子逃離前夫，在另一個城市繼續奮鬥著，儘管阿惠因為看不懂中文，局限了工作的項目，多半只能從事清潔或是工廠的勞務，但她總是全力以赴。

有一天阿惠打電話給社工，語帶焦急的詢問協會是否有其他工作媒合的管道，社工進一步了解，得知阿惠任職的餐廳因為新冠疫情收入銳減，不堪虧損已倒閉，她已經有兩周沒有工作，也有兩個月的薪水沒有拿到，擔心再這樣下去無法負擔一家三口的生活費，原本我們想即刻安排家訪，實地了解阿惠的狀況，但她說公司請她們過兩天去領資遣費，看到時候的狀況再跟我們回覆，聽到阿惠如此堅持，我們只好作罷靜候佳音。

隔日阿惠告訴我們，由於任職的公司申請破產，原本承諾要支付的費用要等到法院一切程序跑完才會慢慢拿到，無法解決目前的燃眉之急，好在先前其他工作的雇主知道阿惠的處境，先借了她一筆錢，等她工作穩定了再還給雇主，而阿惠也正緊鑼密鼓的找尋工作，只是疫情險峻，加上自己中文表達能力不好，結果多半都是碰壁。

與阿惠相約時間後，我和社工來到她的住處，是一個整理得井然有序的家，她正在烤豬頭皮，為了爭取賺錢的機會，她打算借用附近新住民朋友開的小店賣這項小吃，不過一切都還在試水溫，她同時也將家中用不到的用品與衣服拿到網路拍賣，「能賺多少是多少，現在沒有工作，不能沒有收入。」

阿惠一邊說，一邊勤快的整理手邊的工作。問到阿惠兩個孩子的近況，阿惠語帶驕傲地說：「我兩個兒子都很活潑懂事，小的時候擺攤賺錢，他們在旁邊不會吵鬧。我需要做什麼他們也會幫忙。」「他們最喜歡運動了，老二小安在國小參加巧固球校隊，哥哥讀國中也有參加球類運動。」語畢就走到鞋櫃，拿起一雙球鞋，「他們的腳很大，又很愛運動，常常穿著穿著就開口笑，要拿強力膠黏起來。如果有人汰換球鞋下來，我也會去索取，還曾經塗上顏色。」

「塗顏色？」我不解的詢問，於是阿惠拿起另一雙鞋，它的本體是黑色襯著粉紅色線條的女用鞋，但是粉紅色的部分已經被奇異筆塗黑，阿惠希望把它改造成男鞋的外觀。「鞋子真的沒辦法修理才會去買一雙三百九十元的鞋子。」說到這邊，阿惠面露不好意思的神情。

「這陣子沒有賺錢，有一次我們經過水果攤，小安和哥哥想要吃芒果，我告訴他們這個太貴，媽媽沒有錢買，雖然他們沒有繼續吵，但內心一直想要滿足孩子吃芒果的願望，於是有一天下午拿著竹竿去路邊戳芒果樹，帶了幾顆回來。」

結束拜訪要去開車的路上，我們經過她說的芒果路樹，是棵枝繁葉茂結實纍纍的土芒果，腦海不斷回想阿惠手中那雙破洞又磨損嚴重的鞋子，還有不合腳不合款的女用鞋，希望能夠多為這個家庭做些什麼。於是我交代社工除了為這個家庭申請急難慰助金，也為兩兄弟預備好穿耐用的球鞋。

特別的是，正當我們需要募集球鞋時，一位剛畢業的年輕人阿倫用他工作的積蓄買了幾雙名牌球鞋捐贈給協會。社工在電話那頭興奮的跟阿惠報告這件好消息，想要找小安兄弟都在家的時候過去試穿看看，於是敲定了周末的午後。帶去的那三雙鞋，有一雙剛好合哥哥的腳，其他的鞋對小安來說都太大，愛弟弟心切的哥哥，想要把那雙合腳的鞋給小安，另外拿一雙較大的鞋子，他說：「我可以穿這雙，我用鞋帶綁緊一點就好。」在我們不斷提醒穿不適合的鞋子腳容易扭傷，兄弟倆才不捨的將鞋子脫下，和孩子們討論以後，決定將合腳的鞋子給哥哥穿，我們另外帶小安去買鞋。

到了鞋店，阿惠和小安走到最便宜的三百九十元球鞋區挑選，我考慮孩子還在發育階段，鞋子的好壞對腳的影響很大，而且也比較耐穿，在我的說明下，母子才到平常不太會逛的中高價位球鞋區，選了一雙適合跑跳的鞋子。結完帳以後，小安一直把鞋抱在身上，他從來沒有想過能夠擁有這麼棒的鞋子，迫不及待的期待周一上學的到來，能夠穿上鞋子盡情跑跳。

我問阿惠這十幾年來沒辦法回故鄉會不會很想家，她露出一貫溫柔的笑容回答：「當然會啊！只是台灣也有很多人陪伴支持著，像是兩個疼愛的兒子，還有新住民和教會的姊妹們都很照顧我們。」送阿惠母子回家的路上，又經過那棵土芒果樹，其實台灣本來沒有產芒果，是荷蘭人統治台灣時引進的，但因為它適應性強，像是在台灣土生土長一樣，才有這個稱號。眼前的阿惠母子，跟很多新住民一樣，用柔韌的力量生活，融入本應是異地的鄉土，也像這棵枝繁葉茂的土芒果樹，雖然果肉不多，但酸中帶甜，熱情的為生活帶來朝氣。

一個都不撇下

「祢說會陪我走過春夏秋冬，疼我，引導我，保護我，倚靠耶和華的人什麼也不怕，倚靠耶和華，一個不撇下。」在教會的課輔班裡，眼前的一群孩子用稚嫩的聲音合唱這首悠揚的詩歌，想到這些孩子的父母，有些遭遇意外，有些在他們的人生缺席，就感到心酸，我們的目光特別投射在小綵姊弟身上。

小綵姊弟的父母因為感情因素分分合合，加上各自有刑期，在他們的成長過程中長期缺席，姊弟自幼由祖父母撫養長大，靠著田裡生產的一串串葡萄，撐起整個家的生計，可惜在小綵八歲那一年，祖父母外出與人發生車禍，祖母狀況嚴重，氣切住院，後續轉往安養院休養，祖父也因車禍身體虛弱，行動不便，家中瞬間蒙上一層厚重的烏雲，姊弟倆失去了大樹的保護，只能隨著風搖曳著。好在姊弟常去的教會課輔班知道了這件事，按時過去家裡幫忙打理他們的生活日常，也指導他們的課業，學習進度不致因此落後。

隨著兩個孩子的日漸長大，老邁的祖父無力負荷他們的教養，在教會的提議下，姊弟住進了課輔老師的家——一對從職場退休的楊氏夫婦家中。剛接手照顧時，發現小綵身上有不明的皮膚病，夫妻倆帶她看了好幾家醫院，輾轉得知小綵是海洛因寶寶，原來媽媽在懷她的時候，仍然在吸毒，導致小綵出生時，體內帶有毒素，小小身軀被迫承受難耐的「戒斷症狀」，小嬰兒無法表達，只能不斷用哭來表達自己的不適，想到小綵所經歷的苦，楊伯母忍不住緊緊抱住小綵，想要用更多力氣好好愛她。

小綵的弟弟自幼就體弱多病，常常因為免疫力不良跑醫院，也在楊先生和楊太太的悉心照顧下好轉。楊先生一直試著想聯繫假釋出獄的媽媽，有一次終於聯繫上了，只是娘家那邊不認這兩個孩子，也不想跟夫家有更多交集，這通電話等於宣告小綵姊弟與媽媽斷了線。

有一年農曆新年前，協會有幸跟一個知名卡通特展合作，可以邀請協會照顧的孩子們一同同樂，當時我們想起了小綵姊弟，於是社工撥了一通電話給楊先生，他聽到消息後很開心，打算帶著課輔班的其他孩子們一同前往。特展的當天，遠遠的就聽到楊先生身旁孩子們的聲音，一看到我們，就很得意的秀出脖子上的悠遊卡，嘰嘰喳喳的說道：「我們今天自己搭火車過來喔！」孩子們魚貫地進入會場，開心的玩起溜滑梯、彈跳床等遊樂器材，小綵弟弟很開心的說：「以前只能在電視上看到，沒想到今天可以親眼見到。」

在一番玩樂後，楊太太集合孩子們坐下來吃點心，楊先生則面露喜悅地跟我們分享這幾年照顧孩子們的心情。楊先生退休後所存的養老金其實可以讓生活過得很優渥，但是他的心一直懸在這群在家中失去愛的孩子們身上，於是力排眾議從南部搬來中部，也將自己的存款花在照顧與採購電腦硬體上，他說這對他來說就是一種「投資」，可以一起經歷孩子們的成長與突破，楊太太則靜靜地在他背後，做一位最有力的支持者。

在小綵姊弟的臉上，看不出失去父母關愛的不幸，雖然姊弟倆身形都很嬌小，楊先生不希望他們因此自卑，特別鼓勵他們參加演講比賽，用自己土生土長的母語從容的演說，當 LINE 群組收到楊先生傳來的演講影片，並且告訴我們，他們得到不錯的成績，想必他一定比任何人都感到驕傲。

腦海突然響起小綵姊弟獻唱的旋律，也想起當時的畫面，或許那時我們不應為著他們的處境感到難過，反而要讚許他們的堅韌勇敢，要怎麼樣才能歡欣地唱出「一個不撇下」的歌詞呢？唯有真的經歷過被愛，被滿足，才能毫無掩飾地露出笑容。愛是一種用生命影響生命的付出，楊先生夫婦用他們的行動告訴這些孩子們，你不是被撇下，而安得烈也繼續透過每一份務實的援助，一起陪伴弱勢家庭承接幸福。

單親媽媽的堅韌意志

——照顧多重身障雙胞胎兄弟

我所關懷的個案中，單親家庭就占了六成多，這些單親家庭所面對的困難，不只是經濟上的困窘，有些家長更要承擔照顧身心障礙、重大疾病或是罕見疾病的孩子，他（她）們格外的辛苦。在關懷這些家庭的過程中，我發現這些單親媽媽所顯現的柔韌精神，或是單親爸爸所彰顯的堅韌意志，是他（她）們一次次度過難關的主要原因。

我常想，我們的日子並非天天都是太平順利，平安無事，有時也會碰到困難；例如，事業的難處、工作的不順心、兒女的悖逆、經濟的困難、身體的病痛等等。

在這些看來不好、不如意的事情，我們可以用積極、樂觀的態度來面對；倘有宗教信仰，更可以藉著信心，把所有的重擔都交卸給上帝，相信萬事都互相效力，一切都有上帝的美意。雖然眼前困難的環境還在，但心情卻不因此消沉，懷憂喪志，而是充滿歡欣，並且帶著盼望。

兩年多前，我曾經在社工的陪同下探望一位單親媽媽，她獨自一個人扶養身心多重障礙的雙胞胎兄弟，兩個孩子不只是肢體障礙，並且兼具學習遲緩、情緒難以控制等問題，在家訪的過程中，孩子的哭鬧與尖叫聲此起彼落，他們無法控制自己的情緒和行為，媽媽也很難要求停止哭鬧，我和社工在半小時的訪談中，面對孩子的哭鬧，幾乎難以招架，我很難想像這位媽媽平常是如何面對兩個孩子的狀況？如何無怨地照顧他們的生活？

單親媽媽帶兩個孩子已經很辛苦了，何況兩個都是身心障礙兒！回想第一次探望這位單親媽媽時，看到眼前面容憔悴、髮絲半白的她，難以相信她才三十歲出頭。她說，在生下身體有狀況的雙胞胎之後，男友不久就離棄了她，娘家也因為對她不諒解而斷絕了關係，當時她除了兩個孩子的社福補助之外，完全沒有任何的支援系統可以幫助她，事實上，有限的社福補助費在扣除房租及孩子的治療復健、輔具費用之後，幾乎所剩無幾了，她和孩子的生活曾經幾次陷入困境。

她說，有一次孩子的奶粉喝完了，錢包裡的錢根本不夠買奶粉，她在孤立無援時曾經想要帶著孩子一起走上絕路，但是想到孩子的可憐、無辜，於是她放下不應該有的念頭。講到那些不堪回首的往事，她的淚水如同潰堤般止不住。

她曾經為了生活及孩子未來的醫療和復健治療需求，找到一位好心的太太願以優惠的價錢在白天照顧兩個孩子，她也如願找到了一份工作，待遇雖不豐厚，但是照顧兩個孩子是足夠的。但由於必須定期帶孩子回醫院做復健治療，老闆雖然同情她的家庭狀況，同意她請假，但在請假次數多了之後，同事難免有一些怨言，她為了不造成老闆的為難，於是她辭職改接家庭手工品。

我和社工第二次去探望她和孩子時，看到家裡堆滿了完成或待完成的手工品之外，還看到她家門口停放了一台燒烤攤，問她怎麼回事，她說手工品的報酬太低，往往做了一整天，只能賺到三、四百元，所以她和朋友合作賣燒烤，每天多少可以多賺一些錢。

除了孩子的照顧問題，這位單親媽媽更煩惱家中環境資源的不足，我和社工拜訪探視時特別注意到她家中只有卡式瓦斯爐、電熱水瓶，經詢問才知道因為家中沒有電熱水器、瓦斯熱水器，冬天洗澡只能仰賴卡式瓦斯爐或電熱水瓶燒水，雙胞胎兄弟常常因此而感冒生病。為了解決她的困難，我們特別透過募資平台幫她募集到一台八成新的瓦斯爐，解決了她的困難。

問她是否願意讓雙胞胎兄弟交由社會局安置？這位堅強的媽媽表示，怎麼可能？她寧願自己的生活苦一點，也不願意讓孩子被社會局安置。那是她懷胎十月、自己最親愛的孩子，她捨不得放下孩子。

單親家庭所面臨的辛苦，除了經濟困難之外，還包括工作困難、居住問題、子女教養、生活壓力及不友善的社會等，任何一項因素，看似微不足道，卻可能相互堆疊成為巨石，重重擊垮一個家庭。

希望社會上人人都能以同理心來看待單親家庭的心酸，在必要時給予幫助，唯有如此，社會上許多單親家庭所衍生的人倫悲劇必會減少。最重要的是，遇到問題時尋求適當的機構求助，才是最恰當的作法。

爸爸，謝謝您

父親在我們生命中通常扮演重大的角色。父親不只是辛勤的工作者，努力賺錢撐起一個家的生計，他也是孩子「安全的第三者」、學習的榜樣、生活中的陪伴者，以及「精神導師」。美國學者瑞蓓卡．歐尼爾（Rebecca O'Neill）針對無父家庭的長期研究表示，在父親缺席的家中成長的孩子，學業表現較差，輟學率高，人際關係較差，很早就交友但不擅長處理異性關係，反社會（暴力或吸毒）行為與離婚率偏高。而女孩未婚生子與嘗試同居者較多，有了家庭也不在乎父親的角色，形成無父的循環。這群無父的孩子讓美國付出高昂的社會成本。反之，有父親陪伴的孩子，其人格與心智的發展則顯得比較成熟。

安得烈所關懷的家庭，因為經濟的缺乏，爸爸需要將大半的時間奉獻給工作，跟孩子的互動相對就減少很多。小晴就是在這樣的環境下長大，她家住在前不著村後不著店的山上，以樹林和蟲鳥為鄰，生活機能非常不便利，小晴和妹妹必須騎一段路的腳踏車才能到學校上課，爸爸則在隔壁鄉鎮從事輪班的工作。爸爸上班時，孩子們還在學校上課，下班後已是深夜，孩子們早已上床睡覺，父女間的作息大相逕庭，通常在這樣環境下長大的孩子跟爸爸的關係都會比較疏遠，但我們卻在小晴家中看到了例外。

「如果我放假且爸爸也放假的時候，他會帶我和妹妹去騎腳踏車。」小晴很開心的說著，「儘管這樣的機會很少，但我們都非常珍惜這樣的時光。」、「我特別喜歡每天的早餐時間。」

「為什麼？因為媽媽煮的早餐很好吃嗎？」我很好奇的詢問。

「因為爸爸會在那個時候起床，陪我們聊天，一起喝著安得烈食物箱裡的麥片，吃完早餐，再跟我們說再見。在這短短的三十分鐘裡，是一整天最珍貴的時刻。」

小晴的爸爸聽到女兒這番話，靦腆地說：「唉唷！她們起床以後都嘰嘰喳喳的，我也睡不著，想說可以跟她們聊聊天，知道女兒在學校都在做些什麼。」儘管爸爸否認自己的心意，我卻在牆上滿滿的獎狀和文章看見一家用心經營的成果，喜歡寫作的小晴，常用文字表達對家人和對周圍環境的愛意。小晴爸爸說：「我其實沒有什麼生活大志，每天工作就是為了想讓家人過好日子，同事請假找我代班能夠多賺一點錢也很好。」

而催促著每天日落而做，滿天星斗而息的爸爸加緊腳步回家的動力，是孩子們稚嫩熟睡的臉龐，以及留燈等候丈夫歸來的太太。樸實無華的每一天，小晴的爸爸化身成陀螺繞著工作和妻兒轉啊轉。

至於另一個家庭則有另一種甘苦，芮芮的父母在她還在懵懂幼兒時期就離異，爸爸一人帶著三個兒女，用自己年輕所學的美髮技術養家，只是美髮業工時長，將孩子帶在身旁影響工作進度，不得不離開這個熟悉的領域，配合孩子們的上下學時間找尋適合的工作。無奈彈性上班的工作比較有限，只能以計時的兼職工作維生。

當爸爸每天帶著汗水與痠痛的四肢下班時，第一件事不是躺在沙發上休息，而是先趕往超市選購當日特價的食材，希望用有限的預算給孩子們一頓豐盛營養的晚餐，透過餐桌的時間，聽著孩子們在學校發生的大小事，幸福不過就是這麼簡單的事。餐後也不顧疲憊的身軀，堅持陪伴就學的芮芮和妹妹複習當天的課業，每天早上也親自為她們梳理頭髮，能夠美美的去上學，對於爸爸來說，這是對女兒們一種無聲的愛的表現。

有一次爸爸因為工時較長，因此先將芮芮和妹妹帶來協會，請我們幫忙照顧，趁著這個機會，社工鼓勵姊妹兩人寫卡片謝謝爸爸，年幼的妹妹直把彩色筆當玩具玩，但芮芮卻拿著筆，很仔細的思考許久，終於畫了一個圖畫，小心翼翼的摺起來放在信封，「芮芮和妹妹都好棒，等爸爸來的時候我們一起送給他好嗎？」芮芮點點頭，將這個卡片交在我們手上。

忙完工作的芮芮爸爸，不顧頭上紊亂的髮絲和額頭上的汗，趕來辦公室接小孩，我們請他稍作休息，這時芮芮拿出事先預備好的卡片，站在爸爸面前，用卡片遮住臉小小聲的說：「爸爸，謝謝你，像超人一樣愛著我們。」

「芮芮要把卡片拿下來一點，用你可愛的眼睛對著爸爸說喔。」社工以為貼心的提醒著，殊不知當卡片拿下來的同時，我們看見眼角掛著兩道淚水的芮芮，淚眼汪汪的看著爸爸。儘管孩子年紀這麼小，但爸爸的付出她們都看在眼裡，也了解爸爸所承受的辛苦，爸爸輕輕的撫去芮芮臉上的淚水溫柔的說：「妳們就是我存在的價值。」在跟我們道謝與揮別後，他牽著芮芮和妹妹慢慢地走去牽車。

每每去探訪協會關懷的家庭，我常常會想起詩人吳晟在〈負荷〉這首詩裡寫的：「孩子呀！阿爸也沒有任何怨言／只因這是生命中／最沉重／也是最甜蜜的負荷。」天下父母心，上一代用愛與呵護織就了我們，而我們也將這樣的愛傳承下去，特別每月在包裝食物箱時，總會想到那些為家庭默默付出的「超人」們，也非常歡喜能夠和他們一同承擔這個最甜蜜的負荷，一起陪伴孩子們成長，讓祝福「箱」傳。

草莓的獨特風味

——阿文的酸甜成長路

那一年暑假，我和台中辦事處的社工與阿文兄弟的第一次見面是在他們家的草莓園，活潑的兩兄弟對於遠從台北和台中而來的我們感到好奇，時而圍繞著阿公轉圈圈，時而興奮地穿梭在草莓園，嘰嘰喳喳的跟我們介紹當季的蔬果作物，阿文甚至徒手拔了一顆不知名的農作物，直接剝皮要我們嚐嚐。

喜歡問問題的我特別請教阿公，為什麼草莓園裡此時看不到草莓作物？阿公很認真的答覆我，草莓原是多年生宿根性的草本作物，但由於台灣屬於低緯度亞熱帶，冬季的氣溫涼爽適中，日照的長短時間及大氣相對濕度較夏季來得低，比較適合草莓的植株生長、開花與果實發育，因此冬季為草莓產季，至於夏天則會施種短期的蔬果作物。聽完阿公的說明，我們算是長知識了。要離開的時候，阿文還不忘提醒我們寒假的時候要再去找他們玩。

自幼父母離異的阿文兄弟倆是由祖父母扶養長大，那片翠綠的草莓園就是撐起一家的源泉，兄弟倆在課後除了幫忙阿公阿嬤除草澆水的工作外，閒暇之餘的阿文喜歡在操場奔馳，他像是一棵樹汲取了太陽的精華般充滿活力，喜歡運動的他加入學校的田徑隊，常常代表學校參加比賽。

我們沒有忘記與阿文兄弟的約定，特別選在農曆年前過去家訪，一貫陽光活力的笑容是兄弟倆的招牌表情，阿文一看見我們，興奮的說：「安得烈阿伯、阿姨，我爸爸出獄了，接下來要跟我們一起生活。」我們的目光順著阿文的手勢，帶到了阿文身後的那位男士，瘦小黝黑的身形有著靦腆的笑容，他就是阿文口中的爸爸，話不多的他多半在旁邊聽，我們要離開之前，他走到我面前說：「這些年來，謝謝你們照顧阿文兄弟，為了孩子，我會振作。」阿文爸爸身後的那塊園子，草莓正盛產著，纍纍的果實像是掛在天空上的星斗一樣繁多，那片草莓園像是給這個家一個堅定的承諾，我豎起了大拇指鼓勵他：「阿文爸爸辛苦了，我們一起加油！」由衷希望這個打氣能夠帶給他們多一點力量。

揮別阿文家以後，我們常常透過合作的教會了解他們家的最新狀況，看見牧師傳來的照片，兄弟倆各項活動中與大家開心的合影，以及家裡漸漸的步上軌道，都讓人感到欣慰。

又到了忙碌的年底，任務總是一項接著一項，某天，社工的通訊軟體再度傳來牧師熟悉的問候語，但是當社工閱讀下一則訊息，竟然是個讓人震驚的噩耗，阿文的爸爸前幾天因為氣溫驟降，加上原有心血管的疾病，身體不堪負荷而猝死了。我告訴社工，我們再去看看阿文兄弟和阿公阿嬤吧。

在前往阿文家的路上，我們被「惋惜」的氛圍充滿，總覺得這個家好不容易要重新開始了，阿文爸爸卻在這個時候走了。在翻過多個山丘之後，我們終於來到阿文家，祖父母訴說事件發生時的狀況，紅著眼眶強忍著悲傷，兩個孩子托著腮幫子在一旁靜靜地聽著我們的對話，沒有太多的情緒起伏，異常的冷靜讓人分外的不捨，是這個事件讓這兩個孩子一夜之間長大了嗎？這對兄弟跟上次比長高不少，舉止也更成熟了，阿文拉著我們再度走到他們家的草莓園，跟先前來訪的季節一樣，又是草莓耀紅的時節，阿文遞了採收的草莓給我們品嘗，酸甜中帶了另一種層次，成長是不是就是這樣的風味呢？

次年的暑假，協會舉辦「生命成長營」活動，台中的社工北上支援擔任營隊的隊輔老師，我們在營隊裡與阿文兄弟相遇，五天四夜的課程中，孩子們好奇的探索著不同領域的職業特性。我問阿文，「在參觀這些機構後，有什麼特別嚮往的工作嗎？」，「我以後想要從軍。」曬成古銅色的阿文不假思索地回覆我，「因為當軍人可以保護老百姓，也可以給阿公阿嬤穩定的生活。」聽到阿文這番話，深深地為他感到開心，日子的崎嶇困苦並沒有打擊他們，反而在他們的心中種下盼望與堅毅的種子。

兩年後阿文從國中畢業，來到異地就讀高中，求學之餘不忘分擔祖父母的辛勞。從牧師的訊息中知道，阿文找了份時薪工作賺取生活費，有時也會回家幫忙阿公阿嬤農務工作，熱情接待外來的遊客參觀草莓園。跟其他的同學比起來，舞象之年的年紀裡少了愛作夢的輕狂，卻多了生活的實際。雖然正向的阿文有時也會感到迷惘，好在教會有一群愛他們的人，常常給予鼓勵與支持，讓他在疲憊時重新被充電，再次對焦莫忘初衷的熱情，更有力量面對生命的不完美。

每當經過市場，看到一籃一籃的草莓，就會想起那對陽光的兄弟，也會想起他們賦予草莓的獨特風味，入口雖然酸，但餘韻卻是甜；也像是每天過的日子，有高山有低谷，不管是遇到什麼樣的狀況，堅持到最後方能領略最後的甜美。期盼他們未來也能用自己曾經走過的日子，安慰與祝福有需要的人們。

面對脆弱者，誰說，什麼都不能做！

我常常探望病痛患難中的個案，心中有許多的感觸。曾經多次在演講中告訴聽眾朋友，能呼吸自如、行走任意的健康人，絕對無法體會那些躺在病床上只能仰賴呼吸器，吸取著氧氣維繫薄弱生命的生病者，是多麼的徬徨無助。在口不能言的情況下，只剩下悲傷絕望的眼望著天花板。照護者隨著病痛者而起落，心神的委靡，錢財的耗盡，多方的壓力，足以吞食原本堅強的靈魂……

面對這些看似盡頭的悲涼，真的什麼都不能做嗎？

曾經聽一位同仁分享她照顧家人的經歷，她說，兩年前，因為要照顧突然生病的家人，在醫院來回奔忙了好幾個月。一日的周末，趕往醫院去照護家人，卻發現家人不在自己的病床上，而後，聽到長廊那頭傳來一片笑聲，原來是家人認識了隔壁病房生病的老奶奶，知道老奶奶身體不舒服，老是唉聲嘆氣，便坐輪椅到奶奶身邊說笑話給她聽。說著說著，一個個在旁復健的病人，也加入了聊天陣營，你一句我一句的，甚至還唱起了歌，其中一位說，唱卡拉OK可以讓心情快樂起來，心要放輕鬆身體才會健康。接著，幾個婦女從另一端推著推車慢慢走來，並不是護士，而是固定來醫院服務的志工媽媽們，煮了溫溫的麥茶，沿著長廊，以開朗的笑容，親切的說道：「喝個溫暖的麥茶，比較不冷喔！」遞給老奶奶一杯，也遞給在場的大家一杯，老奶奶頓時笑了起來，直說：「謝謝！謝謝！」整個冷冰煩悶的空氣一下子都溫暖了起來。

之後，她每逢到醫院，必定去隔壁房和奶奶打一下招呼，有時，連同家人，伴著她聊著過往，若奶奶心情低落了不肯吃藥，便握著她的手鼓勵她說：「奶奶，我們一起加油喔！等妳病好了，我們還要去妳家荔枝園摘荔枝喔！」

面對脆弱者，誰說，什麼都不能做！

一年前，安得烈經由某醫院社工轉介一個急難個案，生活清苦的爺爺和奶奶正為著才八個月大的早產兒嫣兒的多重疾病，與生活奮戰著。當協會的社工前往關懷探視後，更清楚知道令人心痛的事實。

原來嫣兒一出生即患有癲癇、水腦症等多項疾病，雙眼呈現淡灰白色，需進行眼睛玻璃體切除手術，得長期就診神經內外科眼科門診並長期復健。急需被照料的嫣兒，母親卻只想以嫣兒身障的名義領取補助金。年屆七十高齡的爺爺奶奶為了醫治嫣兒，得負擔龐大的醫藥費，同時為了保護嫣兒，需爭取到撫養權，必須與嫣兒母親進行長時間的法律訴訟，再加上家中每個月一萬九千元的房貸，生活上的種種開銷等，爺爺只得從事打掃、包裝等臨時工的工作，靠著奶奶全時間照護嫣兒。

爺爺奶奶深愛嫣兒，為了讓嫣兒的右眼可看見光亮，並減輕嫣兒身上病魔折磨的痛苦，分別跑三間北部不同的醫院就診。每逢回診，免不了搭乘一個小時以上的公車。爺爺於年輕當學徒時，手指受過傷，遭到截肢；奶奶曾經中風，身體狀況也不甚好，日子的確艱辛。但爺爺說當看到嫣兒的生理有反應，會笑、會聽聲音，一天比一天進步，瘦弱的身體展現堅毅的生命力，再辛苦也值得，希望嫣兒可以平平安安長大。

我和社工知道爺爺奶奶的辛苦，因此盡力陪伴他們走過這一段辛苦的路程。一年多來，我們努力協助爺爺奶奶對嫣兒的照護工作。從嫣兒剛開始奶粉的不適症，不斷更改奶粉、調整配方，到她進出醫院的整個過程中，安得烈總是盡力的提供協助。

二〇二一年八月中旬，嫣兒身體反覆發燒不斷，進出醫院多次。後因疑似流管移位，導致腹部積水隆起而住進了加護病房、緊急插管，並且留院觀察二十天。幸好，當初放置顱內引流管的醫師經奶奶拜託，親自前來協助檢查並緊急開刀，而我和社工在其中也不斷關懷與協助，才度過危急。如今，嫣兒身體越來越進步，面貌清新可人，也越來越活潑。雖然醫生並沒把握能治癒嫣兒，但因著爺爺奶奶支持的力量，以及視病猶親、不怕麻煩的醫生和我們的關懷、協助，爺爺奶奶說一定會堅持到底，繼續往前走。

丹麥的哲學家齊克果（Søren Aabye Kierkegaard）說道：「生命只有走過才能了解，往前看才活得下去。」一面對人生的苦難，潘爾溫神父也曾發出內心愛的呼求，「要永遠與苦難者同在一起」，並說：「願意投入心力去關心社會弱勢族群的人，會發現越是發出愛心給別人，自己的愛心也會越來越豐富，生命也會越來越滿足。」安得烈走訪醫院，深入偏鄉，所在乎的是，即使那癱躺在病床上的重症病人、那乏人問津的基層勞工、那因家庭破碎而孤苦無依的孩童們，一樣都有人性的尊嚴，一樣可以擁有愛與被愛的幸福。

對於這些脆弱家庭，若可以的話，我們可以試著再走近一點，當我們願意貼近有需要的人，我們會發現自己的生命開始豐滿，而世界也會開始躍動起來。

新住民媽媽阿玲的「盼望」小天使

「恭喜妳懷孕了！」相信這句話對許多期待生育的夫妻來說，是最美好快樂的祝福。

我和社工長期關懷的一位新住民媽媽阿玲，在數了數百個日升日落之後，終於等到這一天，夫妻倆總算可以歡天喜地迎接小寶貝的到來。遺憾的是，阿玲期待已久的孩子小望出生後，她和先生原本歡喜快樂的心情不到幾個月就跌入谷底，原來小望被醫生檢查出患有罕見疾病，身體的大肌肉無法出力，俗語所說的「一視二聽三抬頭，四握五抓六翻身，七坐八爬九發牙，十捏周歲獨站穩」，小望在各個月齡應有的肢體表現都明顯落後，在各項警訊的提醒下，阿玲夫婦加入早療父母的行列。

早療之路是一個遙遙無期的拉鋸戰，進步的速度往往都是要以「年」為計算單位，對於罹患罕病的小望來說，這是一段艱辛的過程。小望所罹患的罕病在台灣鮮少病例，醫療團隊只能參考其他的病例，並且根據定期追蹤檢查來處置病狀，當周圍的親人都對小望搖搖頭時，阿玲仍是那位堅持守候孩子的偉大媽媽，就像小望的名字一樣，他永遠都是帶來「盼望」的小天使。

每周三次的早療課程，分屬於不同功能的復健，在不同地點、不同時間，阿玲卻不需要用紙筆記下來，這些早已內化為她生活的一部分。

對於家境困難的阿玲而言，每次的自費早療都是一筆不小的費用，每月結算起來對家中不啻是沉重的負擔，為了減少每次治療的花費，即便家裡離醫院有一段距離，她仍堅持帶著小望搭乘大眾交通工具，在豔陽高照或是傾盆大雨的日子，往往都會加添當天行程的困難，每每阿玲推著坐在輪椅上的小望，聽著治療師稱讚小望當天的表現，所有的煩悶與辛勞瞬間都能拋諸腦後，即便進步的速度在外人看來沒有什麼差別，在阿玲眼中卻是小望新的里程碑。

那一天，我請社工連繫阿玲，並且約好了探望的時間，當我們依約定的時間到達阿玲的家，卻未看到阿玲和小望，過了十幾分鐘之後，才看到滿臉是汗的阿玲推著小望進家門，原來他們才剛做完復健，為了怕遲到，於是連走帶跑的趕回家裡。

一進到家門，阿玲請我們給她五分鐘的時間調配小望的餵食品，只見忙上忙下的阿玲敏捷地將我們每月定期寄來的營養補充品調製成粥品，並且一口一口的餵小望進食，那一幕畫面，顯現出一位母親的柔韌偉大。不忍阿玲和小望的辛苦，社工後續幫忙申請到復健巴士，讓辛苦的療程之路變得稍微輕鬆一些，不要再經歷等車、轉車、趕車的舟車勞頓之苦。

即使任勞任怨，阿玲的情緒難免有時候還是會受到一些事情的影響，身為全職媽媽每日辛苦的繞著丈夫和一對兒女轉啊轉，特別小望的照護上需要花費加倍的心力，阿玲早已忘記自己曾經的夢想，遠從異國隻身來到台灣，因為沒有親友在地的支持，她常常感到孤單，年輕時所認識的朋友，也因為阿玲投身家庭後，話不投機而漸行漸遠。在夜深人靜看著丈夫與孩子們熟睡的臉龐，阿玲不免感到迷惘，好在教會的牧師眼尖，常常用溫柔的話語鼓勵支持她。

因為小望的特別，讓大家不得不對他投注較多的關心，儘管如此，阿玲仍不忘將注意力多放一些在小望的姊姊身上，每天堅持陪著她完成當天的作業，複習在校學習的課業，聽著小望姊姊活潑快樂地分享當天在學校發生的大小有趣事情，儼然成為阿玲幸福的來源之一。假日，阿玲也會帶著她和小望到教會參加一些活動，希望拓展她的交友圈，以及學習待人處事的道理。

小望因為體況的限制，必須以特殊的飲食方式來保持身體維持在良好的機能，在他人的建議下，小望開始服用中藥，希望用溫和的方式保養身體。有一天，阿玲從電視那端看見一則「驚爆中藥重金屬超標」快訊，仔細一看竟然是自己平常帶小望就醫的診所，當下真是又氣又難過，在醫院的通知下，阿玲帶著小望到醫院檢查，查出小望身上已經有鉛中毒的現象，每周除了復健以外，還需要回醫院追蹤小望鉛代謝的狀況，對阿玲來說簡直是雪上加霜，面對小望常用哀嚎哭叫表達自己的情緒，內心感到挫折與自責，常常轉身擦擦眼淚，深呼吸一口，繼續用上揚的嘴角為自己打氣面對。鉛中毒的副作用讓小望常常受便祕之苦，因為罕病的關係，醫院只能將藥劑量調低，幫助他緩慢代謝，在一次一次的就醫與追蹤後，身體的鉛含量總算回覆到正常值，讓阿玲鬆了一口氣。

協會一路透過提供小望所需要的「客製化」物資來減輕阿玲一家的經濟負擔，也與阿玲一起度過許多的重大事情，二〇二一年母親節前夕，我們致電給阿玲，恭喜她獲選為安得烈慈善協會的「柔韌母親」。她羞澀地道謝，深深表示不敢當，因為她所做的，是每個媽媽都會做的，愛是很自然的天性，對阿玲來說，兩個孩子都是她的唯一，都是她最愛的寶貝，哪怕在外人看來不完美，但在她看來都是甚好，而我們繼續透過客製化的食物箱及關懷、陪伴，支持著阿玲陪伴孩子成長。

改變思維，給自己一個機會

記得第一次見到珍珍的媽媽，是因為接到一所偏鄉教會通報此家庭有急困需要協助，社工完成初步電訪之後，我們即規畫親訪行程，了解案家的實際困難；那一天，我們的車一路駛進蜿蜒小路、穿梭於田野鄉間，終於抵達珍珍的家。

剛開始的時候，珍珍的媽媽自我防衛心很強，對於素未謀面的我們，她的心門緊閉，不太願意敞開胸懷透露自己所遭遇的困難，經過陪同的牧師說明我們訪問的目的，她才逐漸卸下心防，願意和我們聊聊家況。這是一個單親家庭，媽媽獨自扶養一名即將升上高中的青少年期姊姊及一位學習遲緩的國小妹妹珍珍，姊妹倆年紀差距大但感情甚好，在母親的教導下姊姊是一位得力好助手，相當疼愛保護妹妹，也分擔媽媽不少照顧的壓力。

媽媽為了讓珍珍能像正常孩子一樣跟上同齡的學習，不論颳風下雨都不辭辛勞帶著孩子跨縣市上課、復健，因為配合不同時段的復健治療，媽媽的時間變得相當零碎，導致不容易謀得工作，一直以來家裡都是靠著政府的社福補助勉強維持家計，母女三人縮衣節食倒還過得去，直到有一天珍珍的姊姊收到了某高中的繳費通知單，媽媽算算手邊的錢，家裡竟然繳不出姊姊的學雜費和生活費。看著女兒訴說著自己的同學迫不及待開始新學期，而自己的女兒卻面臨無法繼續升學的困難，她整個人陷入愁雲慘霧的氛圍中。

自從先生因病過世之後，這位媽媽獨自一個人照顧兩位孩子，日子確實過得很辛苦，她的內心總是很愧疚自己無法給予孩子穩定的經濟及教育環境，身邊又沒有家人可以成為經濟和精神的支持下，好幾次都覺得自己快撐不下去，長期處在無力低潮期，內心既無助又孤單，諸多挫折為生命帶來許多怨懟，讓她難以對生活產生信心，導致她心中最大的願望只是單純保護好孩子不受到傷害，但是對待身邊的人卻是以築起高牆的方式來麻痺自己的情緒。

了解這位媽媽的處境之後，我也簡短地和她分享我的成長經歷，並且用「同理心」來看待她的問題，簡單說就是「感同身受」。我告訴她，大女兒的學雜費和生活費問題，協會會給予協助，同時也會提供小女兒每月一箱的食物箱，減輕她的負擔，幫助她們度過困難，請她不要憂慮。

兩個多月之後，我和社工再次家訪，看到媽媽的臉上始終綻放著笑容，她很感性的說，自己雖然曾因為家庭的困難而冷漠對待他人，但是令她始料未及的是，受到牧師一路上的鼓勵，讓她得以支撐下去，在最感到灰心失望的時候，又有安得烈提供實際又溫暖的關懷，讓她長期以來的無助感到被「接住」，原來自己並沒有被放棄，還是有人在意她的困難，並且陪同討論解決方法。這些關心逐漸融化她心中的冷漠，不再是只看到自己的不幸，而是能去好好感受他人的心意，專注現在所擁有的幸福，一點一滴累積正面能量，轉化心境。

她說，她從我們家訪之後就打起精神，將得到的溫暖化為行動付諸在社區中，平時除了家庭事務打理得乾淨外，也利用時間重新琢磨琴藝，在教會彈琴服務會友，抑或到教會整理美化環境，從付出的過程得到力量。「感恩自己能付出」的心態，使她更樂於回饋助人，漸漸少有時間抱怨不順遂之事，慢慢就從負面循環破繭而出，教會會友也替她的轉變感到開心。

牧師也分享，雖然珍珍的媽媽總覺得自己不是一位好母親，但在教會長期關懷此家庭的過程中，處處可以感受到她對兩位孩子的家庭教育相當嚴謹，兩位孩子受到母親的影響，在教會不僅謙和有禮、熱心助人，每次來到教會，臉上總是掛著比太陽還要溫暖的笑容，因著她們的笑顏大家都被感染，心情也不自覺開朗起來，對她們讚譽有加，並於鄰里間傳為佳話。

這位媽媽和許多的家長一樣，總是掛心不下自己的孩子，面對漫漫人生，珍珍的復健之路遙遙無期，有時心中難免自責、有時則是挫折，心中常煩惱孩子何時才能完全獨立自主地照顧自己，深怕自己能陪伴的時間有限。

她不僅希望孩子們能照顧好自身，更期待她們獨立後，自己能有一份穩定的工作，不再依靠社福資源的補助，甚至可以奉獻愛心回饋社會，幫助有需要的家庭。

人生起起伏伏如同高山低谷，往往許多的限制都是從自己內心開始的，當我們願意改變思維，就是給自己一個機會，珍惜自己走過的路，以同樣的處境同理他人，若自認過得好就多往低處看，關心是否有人困在低谷需要被拉一把；過不好那就好好休息養精蓄銳，為接續的挑戰做準備。

海洋是由許多水滴匯集而成，雖然我們的力量微小且有限，當我們不求己欲的付出，總在不經意的時候就成為他人極大的祝福，因此不輕看自己的力量，保有一顆敏銳的心關懷他人，相信能共創一個更美好的環境。

充實的計程車司機

——堅韌不屈的小羽媽媽

安得烈的辦公室總在每個月食物箱寄出後的那幾天電話特別熱絡，有時是受助家長打來感謝，有時是發送的配搭單位打來更新受助家庭的資訊，抑或是物流業者的洽詢，在這個忙碌的節奏中，我們接到了一個配搭單位打來的電話，表示有一個受助家庭已經有兩個多月連絡不上了，試過其他管道仍然連絡不上，所以特別打來要我們留意追蹤。

在致電案家未接後，社工傳了一則簡訊給家長，說明我們電話連絡的目的，並請她撥空跟我們連絡，隔天早上，我們接到了小羽媽媽的回電，電話那頭她的聲音滿是疲憊，因為家中發生了一些狀況，導致她們必須搬家，我們趕緊與她約定家訪時間，希望實際拜訪了解狀況。

小羽的爸爸在她五歲的時候就因病離開人世了，堅強的媽媽獨自撐起一切的家計，為母則強的小羽媽媽做過很多工作，只要能給孩子好的生活環境，即便再辛苦她都願意。或許是小羽從小失去爸爸，加上她身型瘦小，在學校常常被同學排擠，原本應該是笑得最燦爛的年紀，卻蒙上厚重的陰影，沒有情緒出口的她有時會用傷害自己來宣洩這些難受的心情，好在學校老師發現得早，一步一步透過諮商陪伴，一層一層撥開讓她喘不過氣的面罩。

小羽的狀況，媽媽都看在眼裡，心疼女兒因為家庭而受委屈，讓她更努力在工作上，希望工作帶來的成就能夠成為旁人眼中的亮點，「或許我再努力一點，小羽就不會被大家欺負了。」每每小羽媽媽疲勞的時候，總用這句話鞭策自己。

我們拜訪當天的地點，就是小羽媽媽的公司。依照約定時間拜訪的我們，因為小羽媽媽還在別處忙碌，由她的同事過來招呼我們。辦公室雖然有很多桌子，但實際在座位上的只有零星幾位，接待的同事毫不隱諱地告訴我們，公司在營運上出了狀況，他們有好些日子沒有領到薪水，很多同事都離職了，但是小羽的媽媽仍然認真的工作，並且鼓勵大家一努力，陪伴公司走過困難，受到她的精神感召，所以她也不顧家人的反對，繼續留下來跟大家並肩作戰，希望跟公司一起走出艱難的日子。在與員工小聊幾句後，小羽媽媽連走帶跑地趕了過來，我們坐在辦公室的一隅，聽她娓娓道來一切。

誠如她的同事所說的，公司近期在營運上出現了很大的狀況，資金周轉不靈，導致後續的進貨、銷售和存貨都沒辦法順利運作，這段時間她為了幫助老闆籌措資金四處奔波，她深知自己除了肩負家庭的生計，為了工作還得鼓勵同事一起努力，種種不順遂讓壓力像滾雪球一樣日益增加，這顆龐大的「雪球」壓得她快要窒息，常常有想要離開人世的衝動，有一次她真的付諸行動，好在被小羽發現，及時救了媽媽。生活也因為收入不穩定，好幾個月付不出房租而被趕出去，母女兩人只能住在公司的倉庫。

回辦公室的路上，小羽媽媽的臉一直在我的腦海裡浮現，那個滿是倦容卻努力打起精神的表情讓人難忘，現在的她就像是被拍下地板的皮球，雖然在低谷，但只要不放棄，一定有彈起來的一刻。社工趕緊預備了床墊和一些禦寒的衣服，還有一些方便食用的物資，我也很快的核定了急難慰助金的援助，雖然跟小羽媽媽公司的缺口相比是杯水車薪，但至少她們這陣子不用擔心生活費沒有著落，過幾天我們帶著這些物資做了二次拜訪。

第二次拜訪的地點是公司的倉庫，這是她們這段時間的棲身之處，冬日晚上的鐵皮屋就像一個翻臉無情的人一樣，不僅感受不到熱情，它還會把你身上的溫暖奪走，只能瑟瑟發抖。小羽媽媽訴說著這幾天的經歷，被債務追著的她又更憔悴了些，公司可能會被收起來，她可能會失去工作，還好籌到一筆錢，並透過債務協商可以逐步將眼前的問題一一解決。再不久就要過年了，或許這個年特別辛苦，但小羽媽媽感謝能夠跟女兒一起度過，只要不放棄，未來仍然充滿無限可能。

好一陣子小羽媽媽都在協商還債與兼差賺錢中度過，有時協會有活動我們也會特別邀請小羽母女一起參加，希望抒發生活的壓力。一年後，我們再度接到小羽媽媽的來電，她說在考取相關執照後，她現在是個充實的計程車司機，每日穿梭在大街小巷中，載著乘客到他們想去的地方，這些日子也歷經家人的離世，但每件事都有一一處理好，生活步入穩定，心情也跟著撥雲見日。小羽也因為這些日子的洗滌，成為一個勇敢貼心的孩子。

生活就像是小羽媽媽每天開車一樣，往前行才知道下一個街口是什麼樣貌，以為前方已經無路，但是開了過去又是通到另一個商圈。過去的日子點滴在心頭，她很感謝協會持續不斷的關心，她們也會繼續過好每一天，期待有朝一日能夠透過自己的力量幫助其他有需要的人。

從清寒單親家庭到成為醫生

——阿家的成長之路

民國七十六年十二月至七十七年五月，我在陸軍二一〇師支援營補運連擔任連輔導長，當時部隊的駐地在花蓮美崙；七十七年十二月至七十九年八月，我調至六二九旅擔任營輔導長，部隊先後在台東知本、花蓮玉里駐防過。在花東二年九個月的歲月，帶給我許多美好的回憶。

台灣的東部風景怡人，太平洋的海、山邊的稜線，依山傍海環抱著縱谷的浪稻，得天獨厚的地理環境孕育豐饒產物，加上各族原住民的文化創造出生生不息的生命力，許多旅人來一趟東部往往流連忘返，總戲稱東部的土地很黏人，這是西部無法複製的一份祥和及寧靜，但相較教育、醫療資源缺少的情況下，在這自由自在生活的慢步調中，往往會缺乏向上的移動力及競爭力。

然而安得烈所關懷的一位住在台東、清寒、單親家庭的孩子卻是例外，他的媽媽在他和妹妹還小的時候，就灌輸他們積極正向的觀念，那就是認真讀書來改變家境，翻轉不一樣的生命，這位學業認真、品學兼優的青年是阿家。

阿家和妹妹從小就由媽媽獨自扶養，媽媽為了給予子女良好的教育環境，除了要承擔經濟壓力外，更重視孩子的身心發展，在每天忙碌工作之餘，都會將家裡打掃得窗明几淨，讓孩子回到家裡能在整潔的環境中專心讀書。

每天出門上學前，媽媽會注意孩子的儀容，避免邋遢的穿著被貼上單親家庭的負面標籤。即使家境辛苦，媽媽平時要忙於工作，但是她中午一定會親自準備愛心便當到學校，讓孩子們盡可能吃得健康，藉著這些看似微不足道的生活培養親子關係，母親的用心及智慧帶給孩子相當大的啟示，兄妹倆把媽媽的辛苦看在眼裡，在功課上格外的努力，在校一直維持優異的成績！

媽媽也很支持他們在課後休閒娛樂中培養興趣，再從興趣延伸到職涯探索。阿家高一的那年暑假，他到台北參加醫學營活動，看到都市現代化的醫療，回頭看到自己的家人在東部就醫時遇到資源缺乏的情形，不禁為醫療的城鄉差距感到難過，心中悄然埋下當醫生的種子。後續兩位孩子又考上教育部主辦的人才培訓班，學習更進階的生物理論及研究，更經常代表學校參加不少科展、論文比賽，都能獲得佳績。每到周末，是學生們最期待可以放鬆玩耍的時候，兩個孩子則是一早搭乘五點多的火車到高雄的大學參加課程培訓，雖然舟車勞頓辛苦，但進修過程也讓阿家愛上了生物醫學，並且對研究產生熱忱，因著這份濃厚興趣，更下定決心朝著醫生這個志願邁進，希望有朝一日能回到家鄉服務，為東部醫療盡一份心力。除了確定自己未來學習的方向，阿家也利用放假時間到醫院擔任志工，透過服務內容了解醫療環境及相關醫學常識。

立志成為醫生不僅是阿家的人生夢想，更源於阿家的一份孝心。原來媽媽除了照顧兩位孩子外，還有一位年邁、多種慢性疾病的外婆，須經常往返醫院就醫，而母親克勤克儉持家，身體累積諸多壓力，阿家希望未來成為醫生，一方面也是冀望報答養育之恩。

當同儕還在為未來感到茫然時，阿家早已定下人生志向，最終皇天不負苦心人，阿家透過亮眼成績及學習表現，成為台灣最高學府醫學系的學生，這個好消息讓他們一家人都很開心，雖然醫學系六年生涯會遇到許多艱鉅挑戰，但我們一路陪著阿家看他妥善規畫讀書方式，以及展現的十足毅力，他可以應對龐大課業壓力及克服繁瑣醫學知識。

一路勤勉學習的過程中，阿家體認到過去讀書是為了脫貧及升學，但大學是自由的學術殿堂，讓他有機會接觸其他領域，所以他大學一年級選修歷史、哲學及法律等課程，享受多元的跨領域學習。豐富的大學生活及繁榮的都市景象，阿家仍然惦記著家鄉的需求，穩扎穩打的建構醫學基礎，就是期許自己順利畢業回到家鄉服務，翻轉醫療不平等的現況。

阿家大一那年，我因為擔心他到台北求學會不會有生活適應的問題，因此和他見過幾次面，看到這個十八、九歲的年輕人展現出成熟、穩重、謙卑的態度，我知道憂慮是多餘的，我相信阿家未來會是一位仁心仁術的醫生。

詩人余光中曾在自己的新詩〈台東〉提出這樣的看法：「無論地球怎麼轉，台東永遠在前面。」的確！依照地球運轉的方向，東部的早晨永遠比台灣其他地方來得早，換個角度看，脆弱家庭的資源雖然少，但不代表一定落後別人。我們的生命中總有不少時期會遇到挑戰，甚至讓我們感到低潮無助，然而這些生命中的困境、挫折與挑戰，不該是擊倒我們的障礙，反而是讓我們更加成長壯大的助力，只要我們願意勇敢、積極跨出第一步，生命自然會自己找到出口。

阿賢的蔥油餅人生考驗

結婚生子是人一生當中重要的時刻之一，當男孩和女孩偕同走進婚姻，他們有了共同的目標而一起努力打拚，對未來充滿了盼望與藍圖，共同建造美好幸福的家庭。

我所關懷的個案阿賢和他的未婚妻多年前在準備步入禮堂時，也是滿心歡喜與期待，只是當年一場工安的意外，讓阿賢受了重傷，傷及骨盆與腰椎，深愛著阿賢的未婚妻不眠不休的照顧，在阿賢最脆弱的時候，她用行動表達對這個家的支持。

花了好長的一段時間，阿賢總算康復，回到自己熟悉的工作領域，隨著孩子一一的出生，這個甜蜜的負擔也讓阿賢努力承接各樣的臨時工作，但因為長期使用機具震動讓阿賢的舊傷復發，最嚴重的時候必須躺在床上無法行動，焦急的妻子只能一邊照顧活潑好動的幼兒，一邊打理阿賢日常所需，蠟燭兩頭燒的日子讓妻子覺得時間過得又快又慢，快的是每天像陀螺一樣打轉，忙碌得不知現在是何時；慢的是這樣的日子不知道要過多久，眼前逐漸失去盼望。

好在當時有一些親朋好友伸出援手，減輕阿賢一家的負擔，妻子也常常到附近的店家領取「待用餐」，以維持全家的生計。阿賢在身體逐漸好轉後，又趕緊回到工作崗位，只是他做的內容依然是跟工地有關，他和妻子心知這工作對身體造成的傷害，但為了活下去不得不重操舊業，生活就像走在鋼索上，也是在這個時候，經由其他社福機構的轉介，安得烈慈善協會透過食物箱的援助，以及在地教會的關懷，幫助阿賢一家穩定的生活。

隨著孩子們漸漸的成長，阿賢重新思考健康、生計與家庭之間的關係，他希望能夠重新找到一個平衡的模式，在與妻子幾經討論之後，他們決定要創業，投身小吃攤的領域，以販售蔥油餅為業。雖然這是一個平民小吃，但是也是一門學問，剛開始夫妻花了好多時間摸索，總算在失敗的經驗與他人的指導下，找到麵團、蔥花和溫度的最佳比例。

產品找到了好的比例，加上阿賢一家的用心，很快地受到了大家的支持，但是生活的節奏卻仍然在找箇中的最佳比例，下午一到，阿賢推著攤販車，妻子手牽著孩子們，還有拉著要給幼兒用的嬰兒床，這個繁瑣的舉動每天都在上演著。阿賢因為舊傷，無法久站，家中孩子較多，妻子也必須帶著孩子們在旁邊一起做生意，年幼的孩子在嬰兒床裡玩耍，年長的孩子則在旁邊寫著當天的作業，眾多的因素彼此牽引，有時阿賢舊疾復發，必須請假休息，有時家中孩子感冒，當天也無法出門擺攤，再加上天氣的自然因素，讓攤販的收入總是不穩定。即便遇到各樣的狀況，阿賢和妻子依然對生活充滿盼望，也一直記著曾經受人的幫助，在自己的攤位擺設「待用餐」的服務，希望用自己小小的力量，讓周圍的愛多傳遞出去一些。

在一個尋常工作日的午後，我們辦公室的電話聲響起，尋常的鈴聲卻有著不尋常的急迫，原來是阿賢妻子的求援，因為孩子們陸續被病毒感染，導致上吐下瀉住院中，焦急的媽媽一邊在電話那頭安撫著不適的孩子，一邊訴說著擔心醫藥費負擔不起，社工同仁安慰媽媽，除了約定探訪的時間，並且會為他們申請急難救助專案，希望能夠讓阿賢一家放心。

抵達醫院後，孩子們正躺在床上，大大的眼睛眨呀眨，期盼眼前的阿伯、阿姨可以陪他們玩，只是他們手上各自都扎著針打著點滴，沒辦法靈活的活動。同仁從背包拿出一個氣球和打氣筒，兩三秒變出了一個造型狗，孩子們瞬間露出笑容，一掃這幾天因為病毒感染而住院的苦悶。

阿賢說，在醫護人員細心的照顧下，孩子們的恢復狀況良好，只是住院期間沒辦法出攤，少了工作的收入，我們安慰阿賢夫婦，孩子們逐漸恢復健康是好事，這段時間辛苦了，照顧孩子之餘也別忘了好好休息。只是有孩子的父母都知道，打從升格做父母的那一刻起，「好好休息」這個詞是多麼的奢侈，即便如此，這個甜蜜的負擔依然讓父母們甘之如飴。

孩子們出院後，阿賢一家再度回到攤位，我們在外訪的路上順道繞過去拜訪，阿賢俐落的煎著蔥油餅，鍋鏟不斷的在蔥油餅上拍打擠壓，聞著陣陣飄來的香味，不禁讓人飢腸轆轆。他的妻子在一旁陪著孩子，當阿賢完成手邊工作，扶著痠痛的身體坐下來，看看身邊的妻小，瞬間又被源源不絕的動力充滿。拜訪結束，我們帶著阿賢賣的蔥油餅回到辦公室，也一併將他對生活的動力打包了回來，大家一起全力投入工作。

在這之後，我們依然定期跟阿賢一家保持連絡，考量到阿賢的身體狀況，社工為他們申請了「安心專案」，透過每個月的慰助金減輕阿賢夫婦的重擔。只是隨著疫情逐漸的升溫，大環境下普遍的不景氣，他們的生意也跟著持續滑落，最後不得不暫停蔥油餅的工作，也不捨的告別這個曾經陪伴他們一起揮汗一起歡呼的攤位。

收攤後，阿賢選擇其他的技術工作，而妻子也開始參加政府開辦的受訓課程，期盼增加自己的實力，為生活帶來更多可能性。有時候想到阿賢一家，就會想起他們賣的蔥油餅，一塊一塊的蔥油餅，因著鍋鏟不斷的對它擠壓，讓餅皮裂開，才能讓蔥油餅酥脆有層次。我們的生活不盡都順遂，但這些生活的種種變動，就是一次一次的擠壓，儘管會感到不舒服，卻是引領我們走向豐盛的一個過程。

珍惜當下的生命

——感人的庭卉姑姪親情

這些年來，我會在臉書簡短分享一些個案在困苦環境中奮鬥勵志的故事，鼓勵許多同樣遭逢苦難的朋友們重新站立，不為環境所困，庭卉的故事也是其一。

庭卉是安得烈長期關懷的孩子，她從小就沒有了媽媽，與爸爸一同住在小漁村裡，因著太平洋海域黑潮帶來的豐富漁獲，當地居民都以捕魚維生，庭卉爸爸亦是如此，一年三百六十五天絕大部分的時間都在海上與大浪搏鬥。工作靠天氣吃飯，有時漁獲豐收帶來稍微豐厚的收入可以讓家庭經濟多少好過些，但工作技術性高、風險大，船上的生活環境艱辛無比，出海時間及作息都相當不穩定，過去爸爸出海捕魚時，庭卉只得交由姑姑照顧了，爸爸一邊跑船時總會一邊掛念著孩子，思念的情緒隨著浪潮在海上載浮載沉，「不知道庭卉有沒有吃飽穿暖？在學校與同學相處是否和睦？課業有無遇到困難？」所幸有家人幫忙照顧，讓他可以無後顧之憂放心跑船，專心賺錢期盼給予庭卉更穩定無虞的生活。

每天工作如此忙碌的爸爸，偶爾身體會感到病痛不適，習慣吃苦耐勞的他沒有仔細多想，因為生活全被工作填滿，直到一日，趁著休假到醫院檢查，才發現原來那些先前被輕忽的病痛是癌症前兆，當初的疏忽不小心讓病情拖成癌症第三期，獲知消息的爸爸內心感慨萬分，但不願小小年紀的庭卉就此沒有父親，失去依靠，因此趕緊打起精神安排療程、積極治療。

庭卉的家距離市區很遠，交通及醫療相當不便利，要搭客運跨縣市才能到最近的大醫院就醫，單純回診追蹤病情少說要花上一天的時間，如果安排化療的話就要再多住院幾天，讓體力恢復才有力氣搭車回家。自從生病後，庭卉爸爸的工作不得不暫時中斷，父女倆除了透過村里長幫忙申請低收資格獲得微薄補助款外，孩子大部分的學習開銷、家庭的生活支出、醫療及交通花費，還是靠庭卉的姑姑在經濟上支持，收支才勉強平衡。

庭卉的姑姑是一位年過六旬的長輩，想法、觀念卻很開明，她喜歡看國際及財經新聞吸收知識。姑姑受雇於小鎮中的早餐店，天還沒亮姑姑就已經在店裡忙進忙出，準備迎接魚貫而入的人潮。早餐店的工作時數少、薪資相對微薄，繁瑣的工作形態更讓一把年紀的她吃不消，但顧慮到庭卉一家的經濟與照顧都仰賴她的幫忙，所以她不敢輕易懈怠退休，一個人兼負家庭的經濟、庭卉的學費、庭卉爸爸的醫療費用等，尤其在忙碌得像陀螺轉不停時，一接到護士的電話就帶著庭卉趕到醫院，深怕有個萬一。

庭卉爸爸的病情到後期的時候越來越嚴重，身體反覆發炎、感染，越來越虛弱的身體經不起化療等醫療作為，縱然家人內心有萬般不捨，但更捨不得爸爸在病痛及治療間掙扎，因此彼此做好心理準備，以正面的心態面對，在生命最後一哩路，家人彼此互相傾聽、關愛，這段真誠的互動過程，比任何藥物及治療都來得重要且有效，親人的陪伴成為很大的安定力量，使他們有勇氣面對下一段未知的旅程。最終庭卉爸爸在睡夢中離開，儘管分離帶給姑姑和庭卉莫大的悲慟，大家看著他安詳的神情，能卸下一生勞苦及病痛到更美好的世界，對家人來說也是一大安慰。

歲月琢磨、親人離世，姑姑深知自己的任務還沒結束，接續要肩負照顧好庭卉這個深遠的責任，在醫院陪伴的那段日子，真誠的相待成為姑侄倆心中美好的回憶，讓她們更珍惜接下來相處的時光，也體認到生命更重要的是健康、平安、快樂地活在當下。

姑姑感謝安得烈一直以來對於她弟弟的照顧，特別針對醫療期間所需要的高價格營養品，實用又完整的物資，讓她很感動，多虧有安得烈一同加入照顧，讓庭卉爸爸可以尊嚴地度過餘生，因為這份感動，所以姑姑尚有餘力時會擔任志工維護社區整潔、守望相助，希望將安得烈這份溫暖傳遞出去，讓溫情充滿人間處處。

二〇二二年的農曆春節前夕，社工收到庭卉的賀卡，她告訴社工姊姊，上學期結束了，她的成績是班上第一名，她會繼續努力維持好成績。謝謝執行長阿伯和社工姊姊在爸爸生病的時候，幫助她和姑姑，未來她會好好地孝順姑姑，也會報答許多幫助過她們的叔叔阿姨。

庭卉的體貼懂事或許緣自於她從小就經歷過許多的困苦，她較同年齡孩子的成熟，讓人心疼、不捨。

冬去春來，每個季節都有開始與結束，因為人生各個階段有不同的模樣與故事，才能成就生命的豐盛，但很可惜的是當我們花大半輩子汲汲營營追求財富與權利時，往往忽略幸福就在當下。人生當中，道謝、道愛、道歉、道別都要及時才不會有遺憾，如果生命是一首歌，只要好好珍惜時間、珍愛家人、珍重關係、珍視生命中的一切，人生永遠不會孤寂，到最後一節旋律都是精采、動人。

成為手心向下的人
——小敏的勵志人生

「長大以後想要當什麼？做什麼？」大人常常會拿這個問題鼓勵孩子們思考自己的未來。有些人的夢想很大、很遠，有些人的夢想看似渺小，卻是他（她）一生追求的小確幸，有些人的夢想也可能隨著人生境遇而改變。

我多年來關懷的孩子小敏告訴社工，她曾經的夢想是當一個優秀的髮型設計師，從國中開始就努力地朝此方向前進，加倍付出心力學習與訓練。直到有一天她陪著生病的媽媽就醫時，看著醫護人員細心的照顧身體虛弱的媽媽，內心突然有個感動，「或許，我將來也可以像他們一樣幫助有需要的人」。從那天起，這個信念就像一顆種子般種在小敏的心中。

小敏自小與爸媽感情就很好，身為獨生女的她雖然少了手足間的情誼，跟父母的關係卻像朋友般的無話不談，雖然家境清寒，但是一家三口擁有很多難忘的美好時刻。可惜隨著父母逐漸的老邁，身體的狀況越來越差，讓她常常需要陪著媽媽就醫，就連身體一向硬朗的爸爸也開始需要洗腎，甚至心臟也出了問題，醫生曾建議爸爸要裝心臟支架，無奈家中經濟的關係，遲遲未能安排開刀。

接踵而來的各種壓力，加諸在還是學生的小敏身上，讓她不得不期待自己快點長大，正當同學還在討論下課後要去哪裡玩，小敏放學後便衝回家照顧父母；正當同學還在為未來要選讀什麼科系苦惱，小敏的心早已堅定，努力的往護理相關學程進修，希望將來能夠透過自己所學照顧好自己的家人。

皇天不負苦心人，小敏順利考上一間大學夜間部護理系，白天在家照顧家人，預備父母所需要的餐食，晚上則認真讀書，希望不浪費任何一秒鐘。在這個最艱困的時刻，透過協會每個月定時送到的豐盛物資，無聲卻堅定地陪伴著小敏一家度過難關。

有一天，在例行的家訪時，小敏告訴我們，他的父親前不久已經離世的噩耗。「爸爸身體一直很不好，有一天感到不適被送進醫院，醫生趕緊安排開刀手術，在加護病房躺了快一個月，原先他恢復的狀況非常的好，順利轉到普通病房，我和媽媽滿心期待著爸爸出院。等出院以後，全家一起吃頓飯，再幫爸爸買套新衣服，好好慶祝一下。」小敏說到這，語氣似乎滿是期待，時光彷彿回到那個引頸期盼爸爸回來的那一天。「然而老天爺卻開了我們一個大玩笑，在爸爸準備出院的前一天，竟然心肌梗塞過世了。」小敏說，她期待的心像是從台北一〇一的頂樓迅速的掉到谷底，重重的擊碎她和媽媽的心，即便爸爸已經離開了多日，但一想到這，她們還是無法接受這個事實。

我問小敏，為什麼不早點告訴我們有關爸爸住院及過世的消息？遠比同年齡者成熟懂事的小敏說，麻煩協會和執行長幫忙的事情太多了，不想再造成大家的負擔，所以選擇放在心裡，還好爸爸的後事都已經妥善處理。

少了爸爸的協助，小敏獨力照顧媽媽更顯吃力，好在政府的居家與喘息服務能夠讓小敏在課業與家人之間，獲得些微的休息。我特別交代社工為小敏申請為期一年的「安心專案」，藉由每月的慰助金幫助小敏和媽媽度過眼前的難關。

二〇二一年，小敏來到大學的最後一年，每天都在預備證照和醫院實習的忙碌中度過，小敏的媽媽身體一樣非常的虛弱，身體的指數和一些器官的病痛讓小敏頻繁的帶著媽媽進出醫院，儘管壓力如此緊湊的貼著小敏，她在學校的成績依然名列前茅。在畢業典禮前夕，我請主責的社工和小敏通了電話，「畢業典禮後，我會專心在家準備證照考試，等到考取證照後，希望能夠取得在大醫院的工作機會。」她在電話裡訴說著自己對將來的規畫，「只是我還是會擔心自己考試失常，唯有趕快取得證照找到正職的護理師工作，縮短找尋工作的等待期，才能順利負擔家庭的一切生計。」自從小敏的爸爸過世後，她就成了一家之長，負起一切照顧的責任，希望媽媽能夠安心快樂的度過每一天。

為了讓小敏安心的準備證照考試，協會延長她的「安心專案」期程，有了穩定的援助，小敏就像是吃了定心丸一般，順利地考取護理師證照，小敏回憶起交卷的當天，可以用喜極而泣來形容，長久的努力總算有好的結果。考取證照後，學校的老師鼓勵她可以繼續升學，攻讀研究所，未來的道路也較寬廣，在升學與就業的交叉路上，小敏百般思索，後來決定繼續升學，希望能夠把握二十五歲以前政府所給予的免學費優惠充實自己，同時也能及時照顧身體不適的媽媽。研究所放榜的那天，小敏不負眾望的順利考取，過往的優異成績，也讓她申請到安得烈獎助學金的殊榮。

有一天，我收到一封別出心裁的信，是小敏親手設計和書寫的卡片，信裡她回顧過去發生的種種，以及受到安得烈不間斷地照顧，所有蒙受的恩惠都謹記在心，期盼自己未來有餘力，也能像曾經幫助過她的人一樣，成為手心向下的人，讓祝福與愛流動。

賈伯斯（Steve Jobs）曾說：「你無法預先把現在所發生的點點滴滴串聯起來，只有在未來回顧今日時，你才會明白這些點點滴滴是如何串在一起的。」小敏在過去的年歲裡，家裡遭遇巨變，驀然回首那段日子，就像是個化妝的祝福，幫助小敏更加成熟，儘管困難仍然存在，卻因著眾人的關懷與幫助，讓小敏一家有力量繼續往前走，未來也能用自己的親身經歷，成為更多人的祝福。

多重角色的守護者

——照顧多重障礙兒的恩恩姨婆

單親家庭常常會面臨許多的困境，包括經濟壓力、工作困難、疾病問題及子女教養等，甚至不友善的社會。這每一項挑戰，都很有可能重重擊垮一個家庭。

我所關懷的原住民孩子恩恩，一家人住在南台灣的部落中，恩恩這孩子出生沒多久，她的父母親就離異了，起初交由外婆扶養，外婆因為年事已高，加上身體健康狀況不佳，有一日就在睡夢中與世長辭；姨婆不忍心看著孩子這麼小就缺乏親人在身邊孤苦無依，即使知道自己年紀一大把了，而且養育孩子是一項深遠的重責大任，仍然自願接下照顧恩恩的責任，忙碌的生活就此展開。

恩恩是一位對任何事物都充滿好奇心且愛笑的孩子，當親友們還沉浸在新生命帶來的喜悅與希望時，不久姨婆就發覺與同齡孩子相比，恩恩好像不太會翻身，漸漸又觀察到她的行動似乎不是很靈活，隨著時間增長，恩恩的成長發育並不明顯，帶到大醫院檢查得知是發展遲緩及先天性的多重障礙，未來的照顧之路必然是相當漫長且艱辛，這其中的心理壓力和悲喜轉折難以訴說，只能獨自承受，但姨婆不畏懼任何眼光或困難，持守起初的憐憫之心勇往直前，只想好好扶養孩子長大。

長期以來，姨婆扮演多種角色守護恩恩，有時候像超人，抱著孩子舟車勞頓、奔波醫院做治療；有時候彷彿護士，要能餵藥、身體復健及處理孩子任何不舒服的生理反應；有時候則是老師的角色，以孩子能理解的方式，不斷重複耐心教導生活常規及禮貌；有時候又得化身成為朋友，陪伴玩耍建立友情，使其有有趣的童年生活。

至今恩恩已經十歲了，語言能力仍然很薄弱，無法完整表達自己的基本需求，多半都是用哭鬧、發脾氣的方式表達，姨婆就會依平時對她的了解滿足她的需求。雖然恩恩的理解及表達能力微弱，但她仍然保有敏銳的心思，因此姨婆會特別小心留意互動模式，不願自己照顧上的疲憊、不耐煩或負面情緒顯露於臉上，導致恩恩內心受挫。偶爾發生孩子情緒出不來又無法陳述時，姨婆就會給她一個空間，等她獨自消化完情緒，姨婆再安撫孩子的感受、回應她的內在需求，過程中沒有太多話，但情感的流動成為彼此溫暖的依靠。

照顧特殊狀況的孩子沒有一刻是輕鬆的，往往需要花費許多的精神、力氣和時間，令人感動的是，姨婆同時還要照顧患有帕金森氏症、整天臥床的先生，老小兩人的生活十分仰賴他人隨時在側，協助行動及生理需求。因為二十四小時都在照顧恩恩以及臥床的先生，致使家中無人可外出工作，經濟壓力自然不在話下，只能依靠補助度日，生活相當清苦。

姨婆坦言：「照顧恩恩的壓力相當大，雖然她沒有語言能力可以表達自己的想法，但不時會展現貼心的一面。」姨婆最感動的是，有時候恩恩看到她很疲憊的樣子會主動拍拍她的肩膀、安慰她，亦或有時候準備好晚餐，餵飯時恩恩主動用微笑向姨婆謝謝。姨婆深知這些小舉動及基本禮貌，對其他人來說看似微不足道，但對恩恩而言是相當不容易的進步，因此更窩心這孩子的懂事及成長。

我和社工長期關懷這個家庭，無處不感受到姨婆用盡心力、無微不至地照料全家人大小事，卻忽略照顧自己，辛苦的模樣讓人很是心疼，然而歷經生活多種苦難，恩恩的姨婆總不覺得自己辛苦，言談之際充滿感恩，感謝有安得烈的關愛、學校的幫助、老師的支持，因著這份感恩、感謝的價值觀，姨婆不再坐困愁城，而是更有力量照顧好全家。在她的臉上，看不到生活重擔帶來的疲憊與無助，平凡得就像你、我日常生活會出現的一般長輩，然而卻展現生生不息的生命力。

生活中總有許多難以言喻的重擔，當我們深陷於自己的困難時，會不自覺「專注於自己的不幸」或困在「為何是我」的自責感中，彷彿墜入五里霧中無法看清事情樣貌，停留在苦境裡裹足不前。世界一直在變動，愈趨快速的步調，除了歡欣愉悅的日子，人生逃避不了挫折之事，無論怎樣的變故、考驗、打擊、失望與失敗，一定會有海闊天空的一天，我們的內心都已內建「復原力」，這是一份幫助我們從逆境彈回的能力，復原力並非與生俱來，而是後天一點一滴跨越難處磨練出來的。盼望是上主給予人類一份很美好的禮物，即使生命的困難會不斷出現，只要我們願意在波折中嘗試轉換心境，心存盼望向愛前行，就不會在黑暗中迷航。

在困境中長出力量

——從清寒家庭到成為法律人的小翔

我認識的一位教會朋友，過去十年的時間，在屏東窮壤的偏鄉里港，陪伴著一群家境較清寒的國小國中生，幫助他們課後輔導。

這位朋友曾經分享她的課輔工作，學生在放學之後，來到教會為他們準備的教室，牧師、師母會先準備一些美味的點心，然後老師開始陪伴他們完成學校課業，再做一些複習。這些學生有多種類型，有自我放棄的、有完全依賴的、有頑皮被動的、有身不由己的、也有主動學習的，但各有各的可愛，也各有各的天賦。學生們學習的成果不一，因為有學習遲緩的，有先天輕微智能不足的，有反應快、一點就通的，不管是什麼樣的學生，她總希望能鼓勵他們走出一條屬於自己的路。

但艱苦的環境常是一體兩面，有的在憤世中選擇沉淪墮落、自我放棄，有的則因困苦反而更懂得力爭上游、突破困境。

她說，猶記當時陪著一名聰明、但不喜歡念書的學生，在學校被視為問題人物，好動的他沒辦法寫功課，喜歡來到她身邊跟她聊一些有的沒有的。這名學生，剛來課輔班正值小六，父親因車禍去世，靠母親微薄的薪水撫養著。成績總最後一名的他，有些行徑雖常令人頭痛，卻是她的得力助手。

如果教室桌椅或窗戶還是其他需木工技藝修繕的，沒學過任何技術的他總想辦法幫忙修好，他也喜歡自己動手做一些模型，手工之細膩常讓人嘆為觀止，每完成一件作品就帶來讓她欣賞，訴說的過程眼裡總閃爍著光芒，是她甚為喜愛的一名學生。可惜，上了國中後，因不喜歡回家就完全變樣了。騎著摩托車到處閒晃，也不再來課輔班，車箱內藏著一把開山刀，告訴她是為了自衛，心中有恨，因恨著那將他父親撞死的兇手，總想著要報復，旁人的勸說已聽不進去。而後再聽到他的消息，因恐嚇別人而被關進了少年感化院，卻在同時間，他親手做的一個作品被老師拿去參賽而得了優等獎，這樣的極端同時發生在他的身上，對我這位朋友的確造成極大的衝擊，她當時心裡想，是否在清貧脆弱家庭長大的孩子就注定了未來的悲涼？若當時可以再多做些什麼，是否可以挽回這年輕生命的未來？

我們深信世間沒有所謂的絕對，就算「歹竹也會出好筍」，端看自身願否努力及是否有積極的心。而這當中，家人和旁人的鼓勵對學生自我價值觀的建立就扮演著極重要的角色。一份愛，就是一個希望。安得烈在培鷹過程中，課業優異的小翔便是那努力衝上雲霄、嶄露堅毅生命力的翱翔之鷹。

小翔自幼父母離異，父親再無任何的聯繫。撫養他的母親因年幼的一場病，在就醫期間護士打針誤打進神經，造成她雙腳無法施力，只能一拐一拐地走路，行動不便，終生再也離不開輪椅。但就算如此，仍含莘撫養小翔長大，家中經濟雖只能仰賴低收補助和租屋補助勉力維生，但是小翔媽媽總是樂觀面對生活，以慈母兼嚴父的雙重角色教育小翔，對小翔的品格要求極嚴，對小翔的學習則採取完全開放的態度，希望小翔能成為堂堂正正、不落人後的好孩子。

小翔深知母親的辛苦，與母親相依為命的生活裡，從小就懂得照顧母親，體貼母親的需要。也在母親的循循善誘下，激發滿滿的求知欲，對很多事物常抱持好奇心且努力學習。為了不負母親期望，國中開始，小翔對自我期許極高，總熬夜念書，每晚只睡三至四個鐘頭，以保持優異成績。除了認真向學外，運動、書法、寫字、畫畫等也是他極其喜歡的興趣。

因生活上常遇到一些不盡人意之事，也看到社會上許多的不公不義，逐漸成長的小翔開始有了目標，期許自己未來能就讀法律系，希望藉著法律的知識來幫助更多有需要的弱勢者。進而，期待自己能更上一層樓，考上檢察官，更深入走向助人的角色。

在不斷自我鞭策和努力之下，小翔於二〇二〇年，果然順利考進成大法律系，但他在大學中並未因自由之風而迷失了自己，專心課業仍是首要，同時也積極參加校內校外的各式競賽活動，藉此充實自己。

小翔因感謝安得烈長期的照顧，以及深知貧困家庭的需要，不忘自己起初的心願，於二〇二一年開始到協會擔任志工，希望能藉由自己小小的動作，將心中的溫暖帶給領取食物箱的家庭。小翔曾經告訴社工姊姊，從小到大，他受惠於許多人的幫助，希望長大後也能幫助那些和他一樣處在逆境，甚至比他更需要幫助的小孩，能不因經濟的問題而有後顧之憂，只要在他能力範圍內，他都會竭盡心力幫忙，並且回饋社會。

諾貝爾經濟獎得主詹姆士．赫克曼（James Heckman）曾言：「決定孩子一生成敗的因素不在智商和學業成績，而是自律、品德和毅力。這三點才是教養的核心。」在小翔的成長過程中，因著母親的教誨、因著旁人的鼓勵、因著對自我的看重，不單單只是讓自己陷在困境，而是在困境中同時也長出力量。我相信繼續堅持的小翔，再過幾年必也會成為夜間閃耀的那顆星，照亮許多有需要的人。

國家圖書館出版品預行編目資料

有溫度的人：羅紹和的生命成長與慈善之路/羅紹和著. -- 初版.
-- 臺北市：麥田出版，城邦文化事業股份有限公司出版：英屬蓋曼群島商家庭傳媒股份有限公司城邦分公司發行, 2023.1
面； 公分. -- (麥田航區；16)
ISBN 978-626-310-346-7 (平裝)
1. CST: 羅紹和 2. CST: 自傳 3. CST: 臺灣
783.3886 111017249

麥田航區16

有溫度的人

羅紹和的生命成長與慈善之路

作　　者　羅紹和
責任編輯　林秀梅

版　　權　吳玲緯
行　　銷　闕志勳　吳宇軒　陳欣岑
業　　務　李再星　陳紫晴　陳美燕　葉晉源
副總編輯　林秀梅
編輯總監　劉麗真
總 經 理　陳逸瑛
發 行 人　涂玉雲
出　　版　麥田出版
城邦文化事業股份有限公司
104台北市民生東路二段141號5樓
電話：(886)2-2500-7696　傳真：(886)2-2500-1967
發　　行　英屬蓋曼群島商家庭傳媒股份有限公司城邦分公司
104台北市民生東路二段141號11樓
書虫客服服務專線：(886)2-2500-7718、2500-7719
24小時傳真服務：(886)2-2500-1990、2500-1991
服務時間：週一至週五09:30-12:00・13:30-17:00
郵撥帳號：19863813　戶名：書虫股份有限公司
讀者服務信箱E-mail：service@readingclub.com.tw
麥田部落格：http://ryefield.pixnet.net/blog
麥田出版Facebook：https://www.facebook.com/RyeField.Cite/

香港發行所　城邦(香港)出版集團有限公司
香港灣仔駱克道193號東超商業中心1/F
電話：852-2508 6231
傳真：852-2578 9337

馬新發行所　城邦（馬新）出版集團 Cite (M) Sdn Bhd
41, Jalan Radin Anum, Bandar Baru Sri Petaling,
57000 Kuala Lumpur, Malaysia.
電話：(603) 9056 3833
傳真：(603) 9057 6622
E-mail：services@cite.my

設　　計　謝佳穎
排　　版　宸遠彩藝工作室
印　　刷　沐春行銷創意有限公司

初版一刷　2023年1月3日
初版八刷　2023年12月21日
售價／400元
ISBN 9786263103467
9786263103498（EPUB）